This Book of Creative Expressions Belongs To:

____

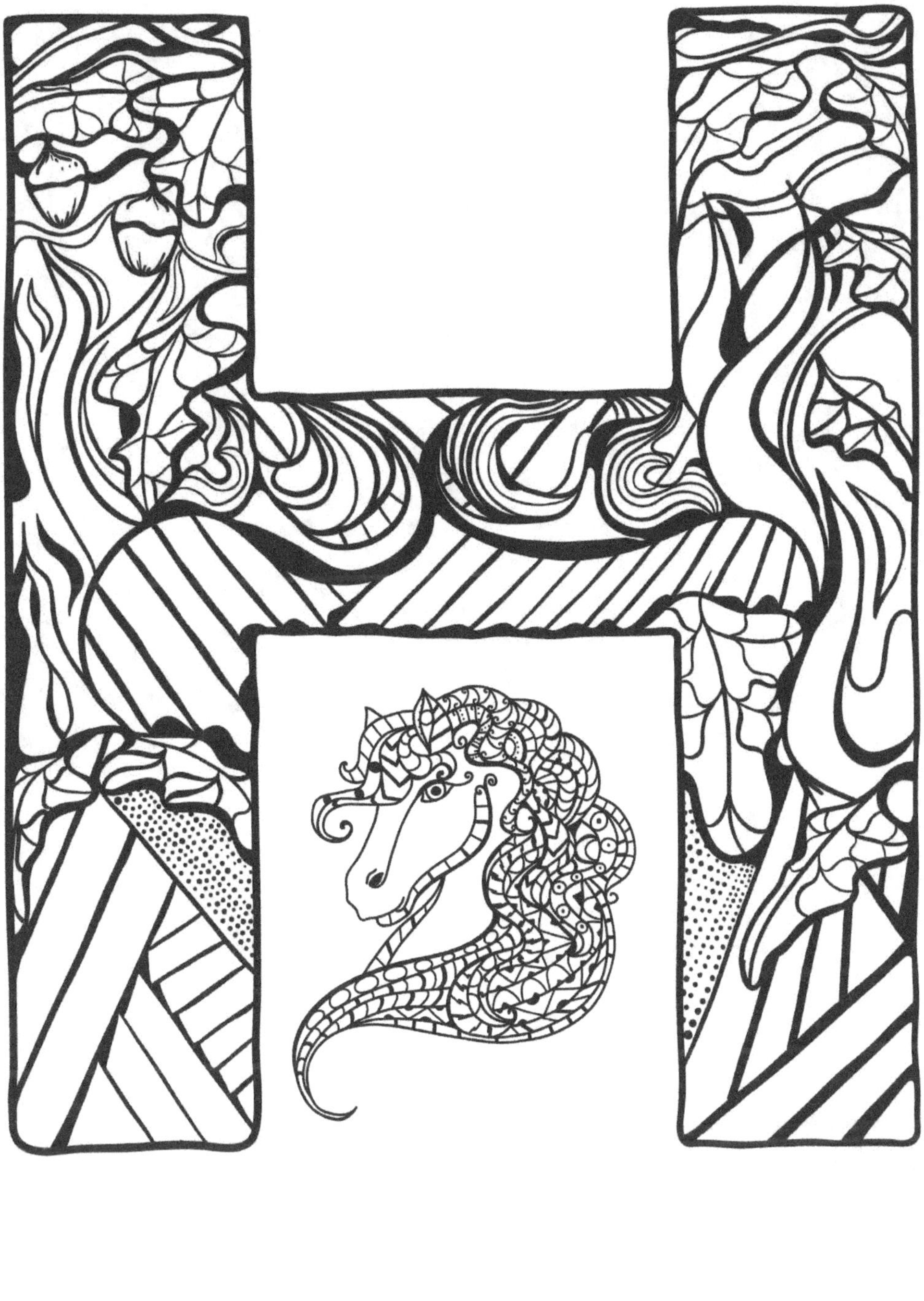

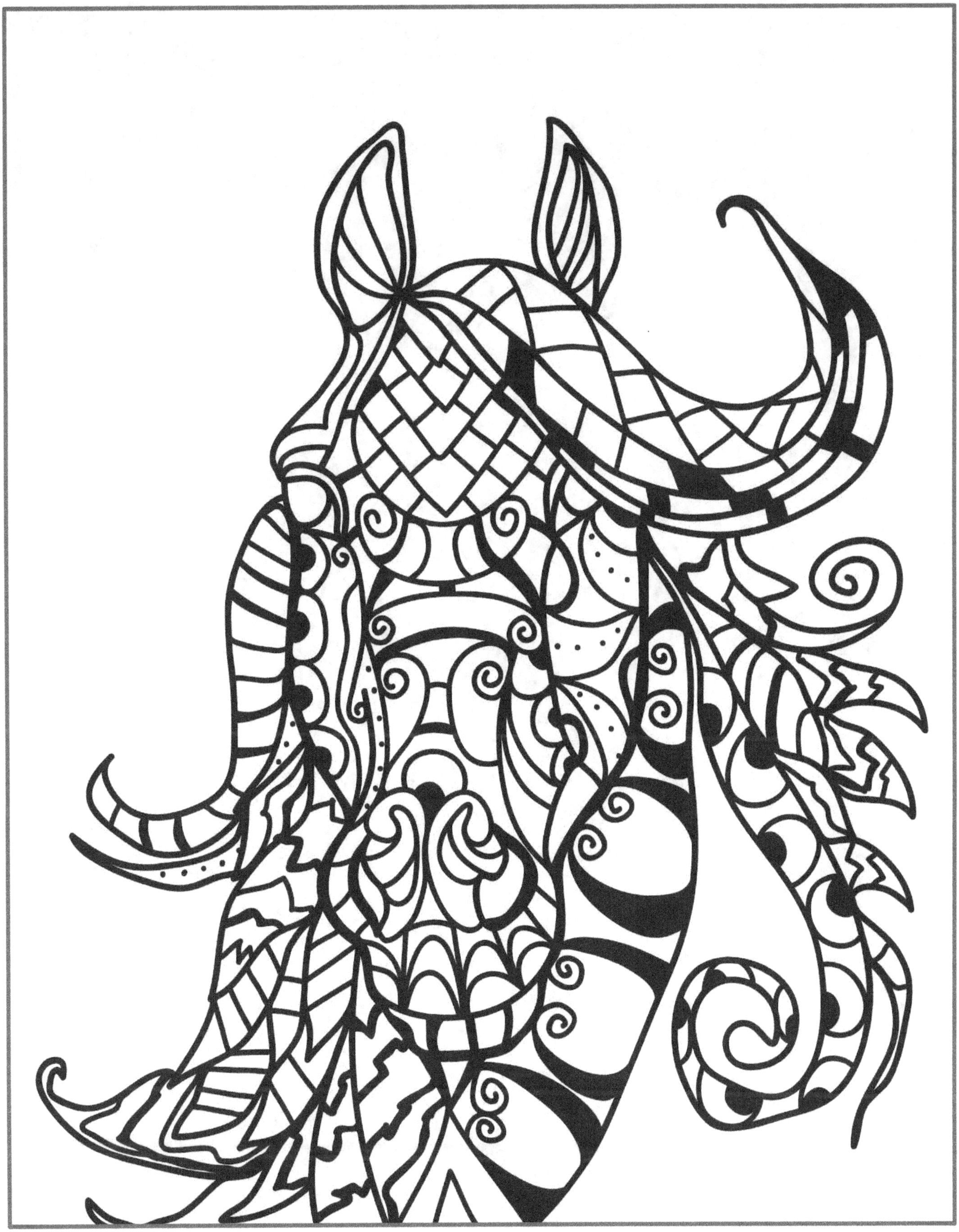

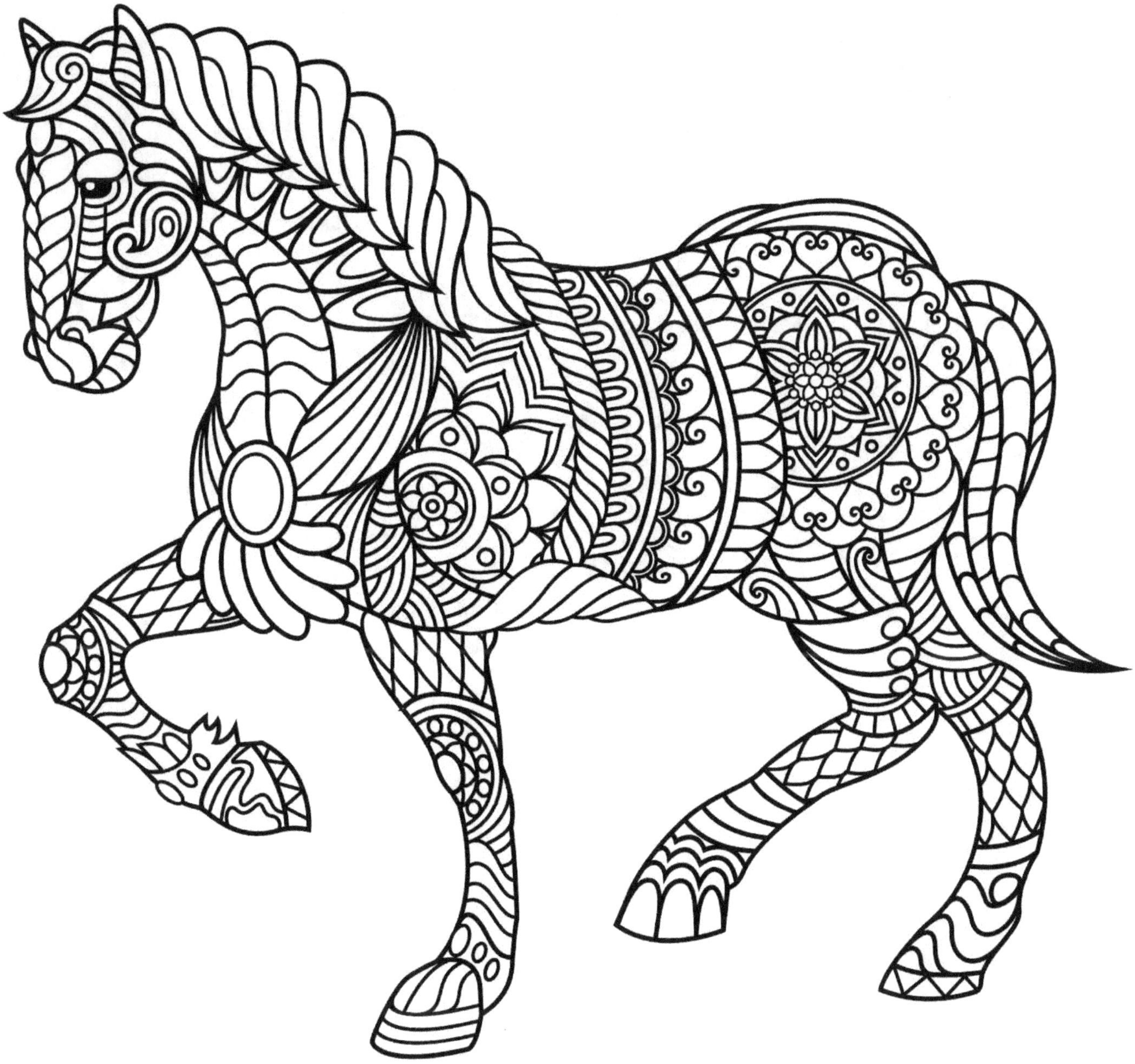

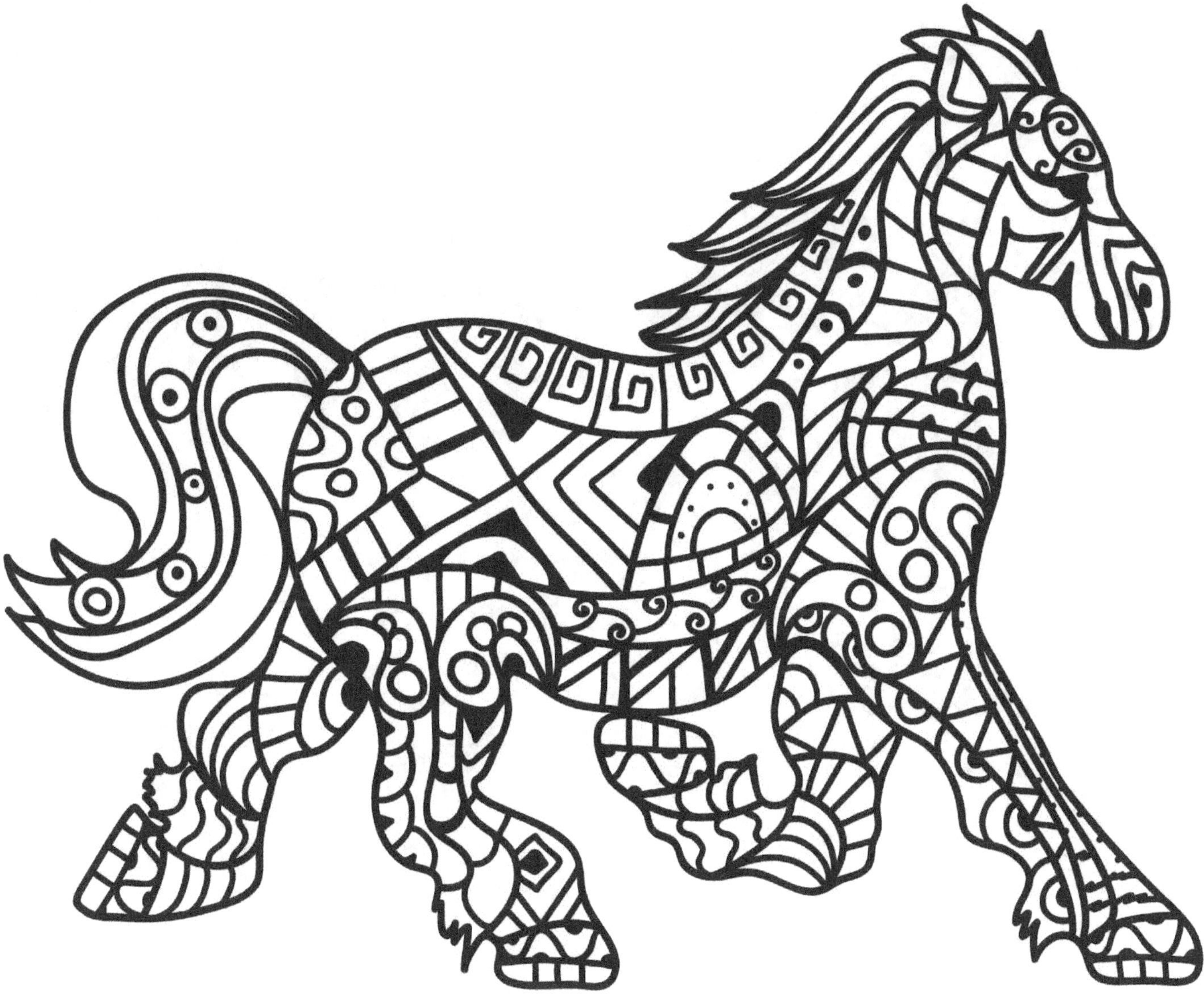

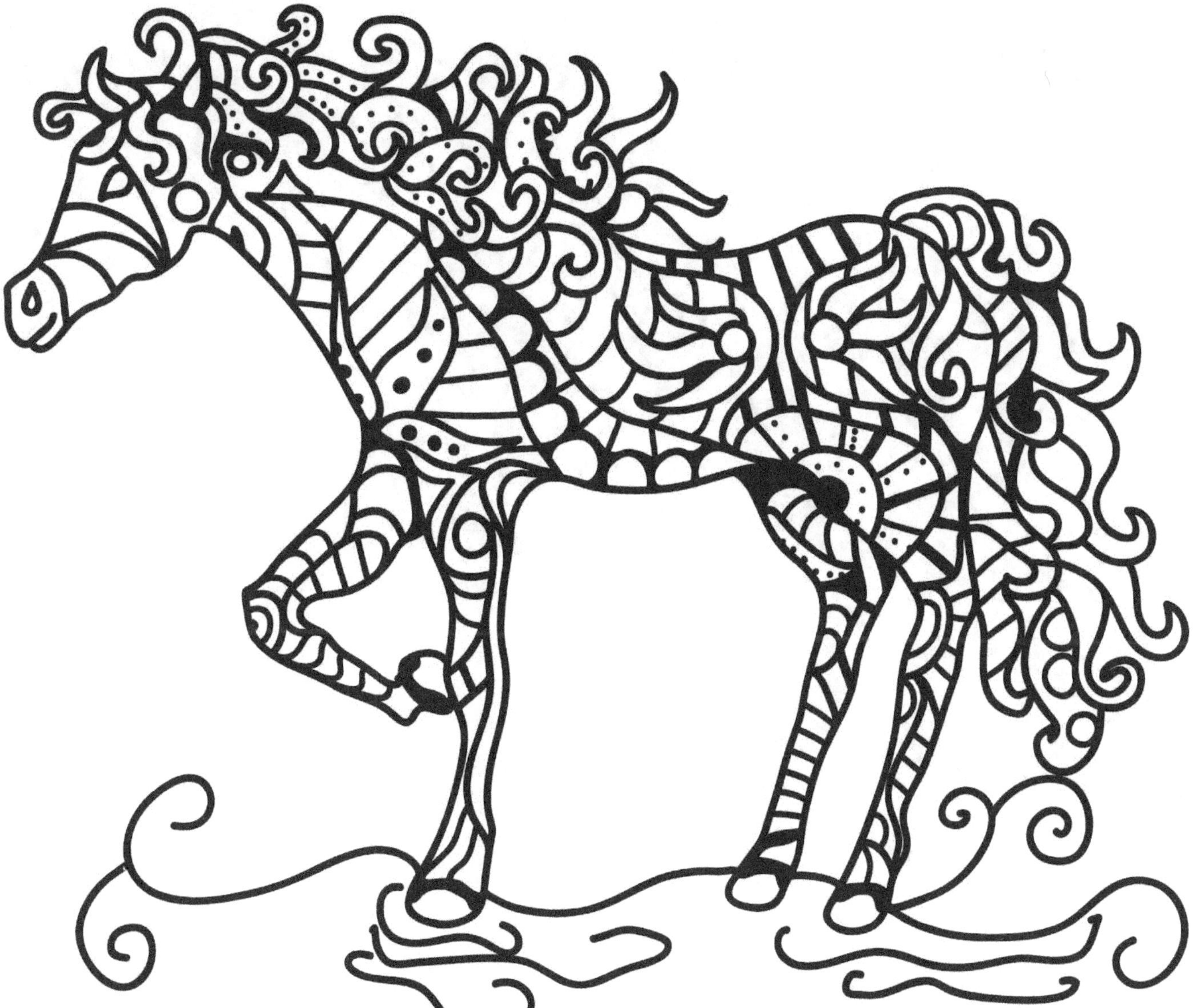

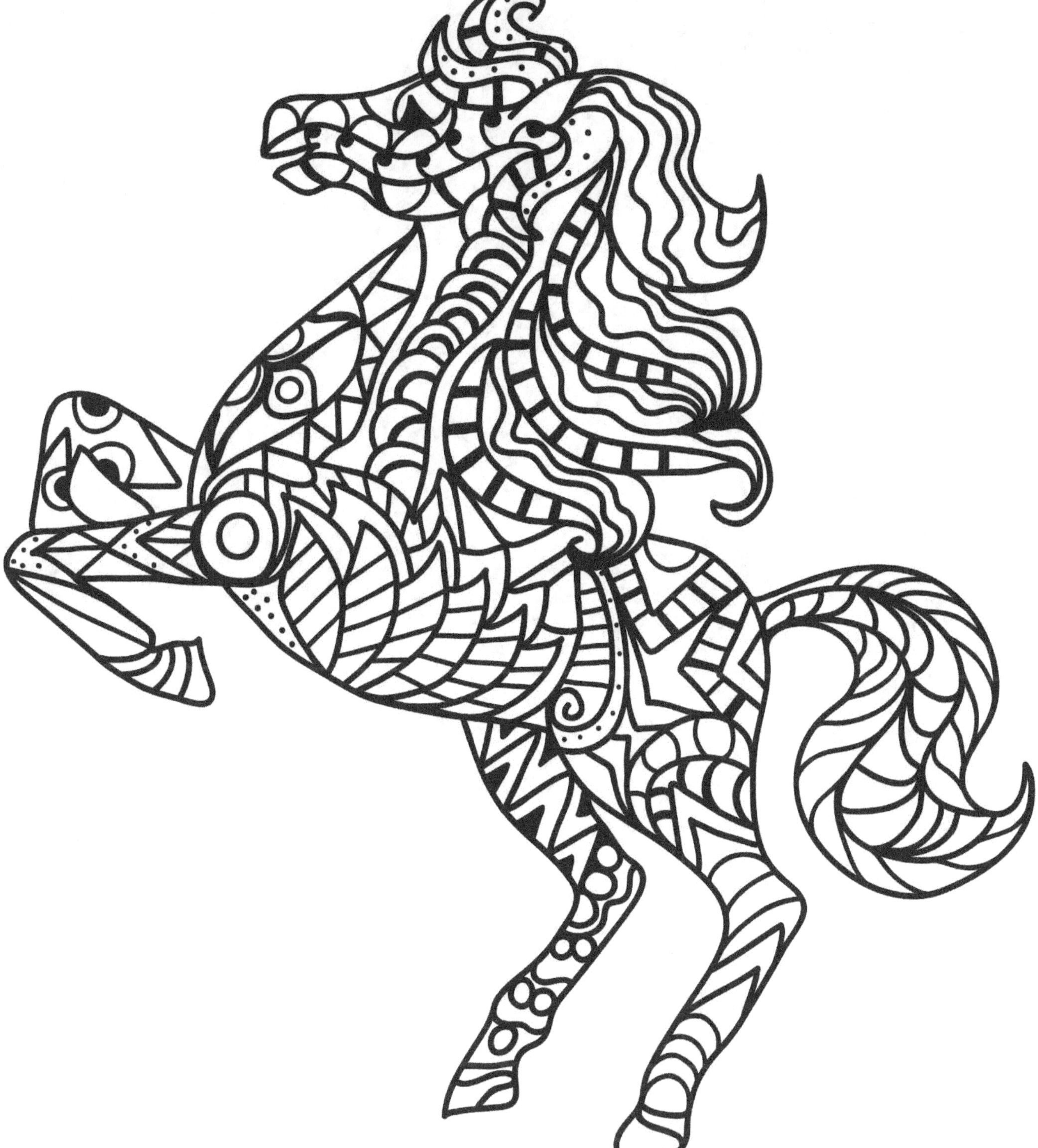

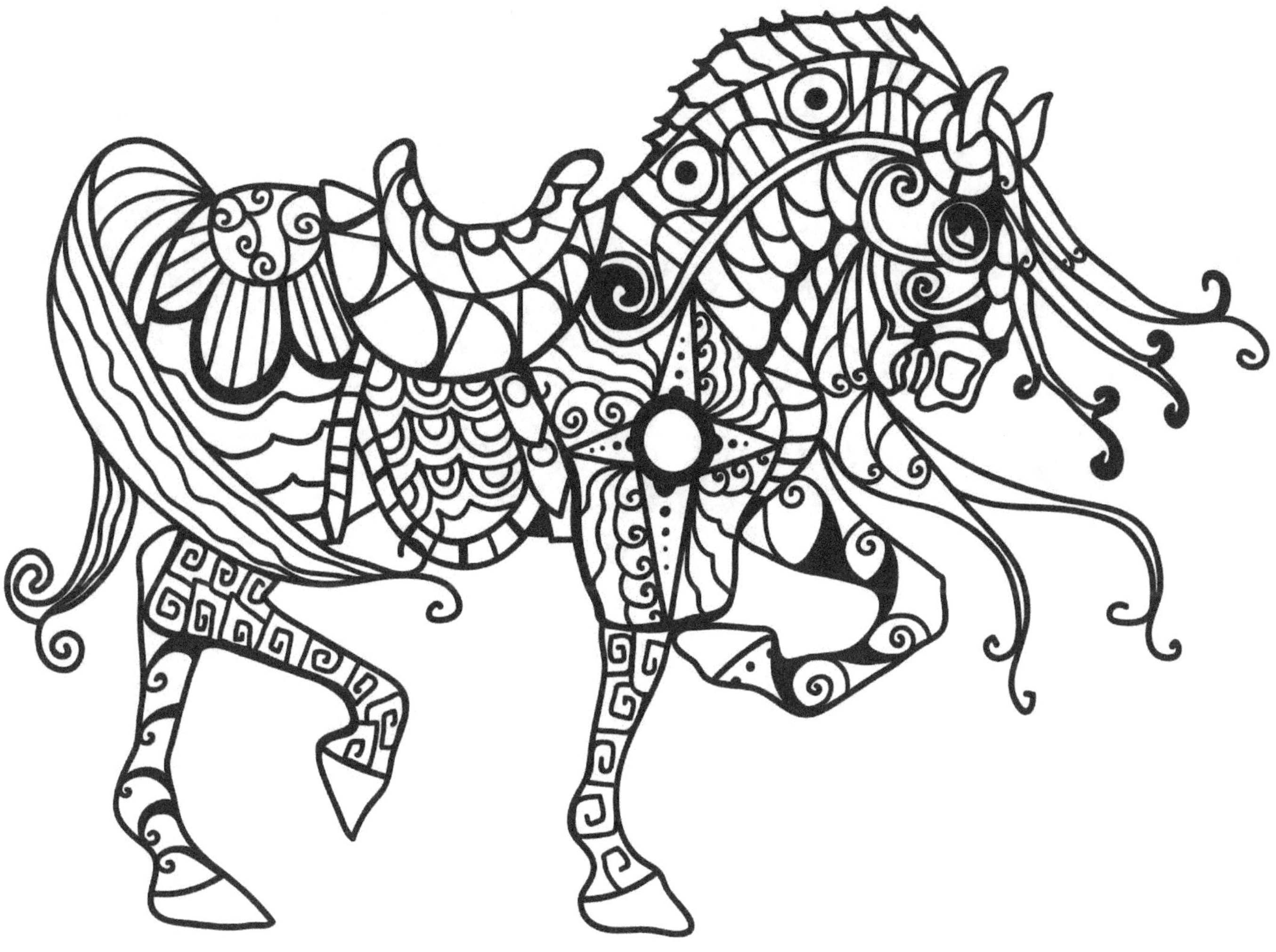

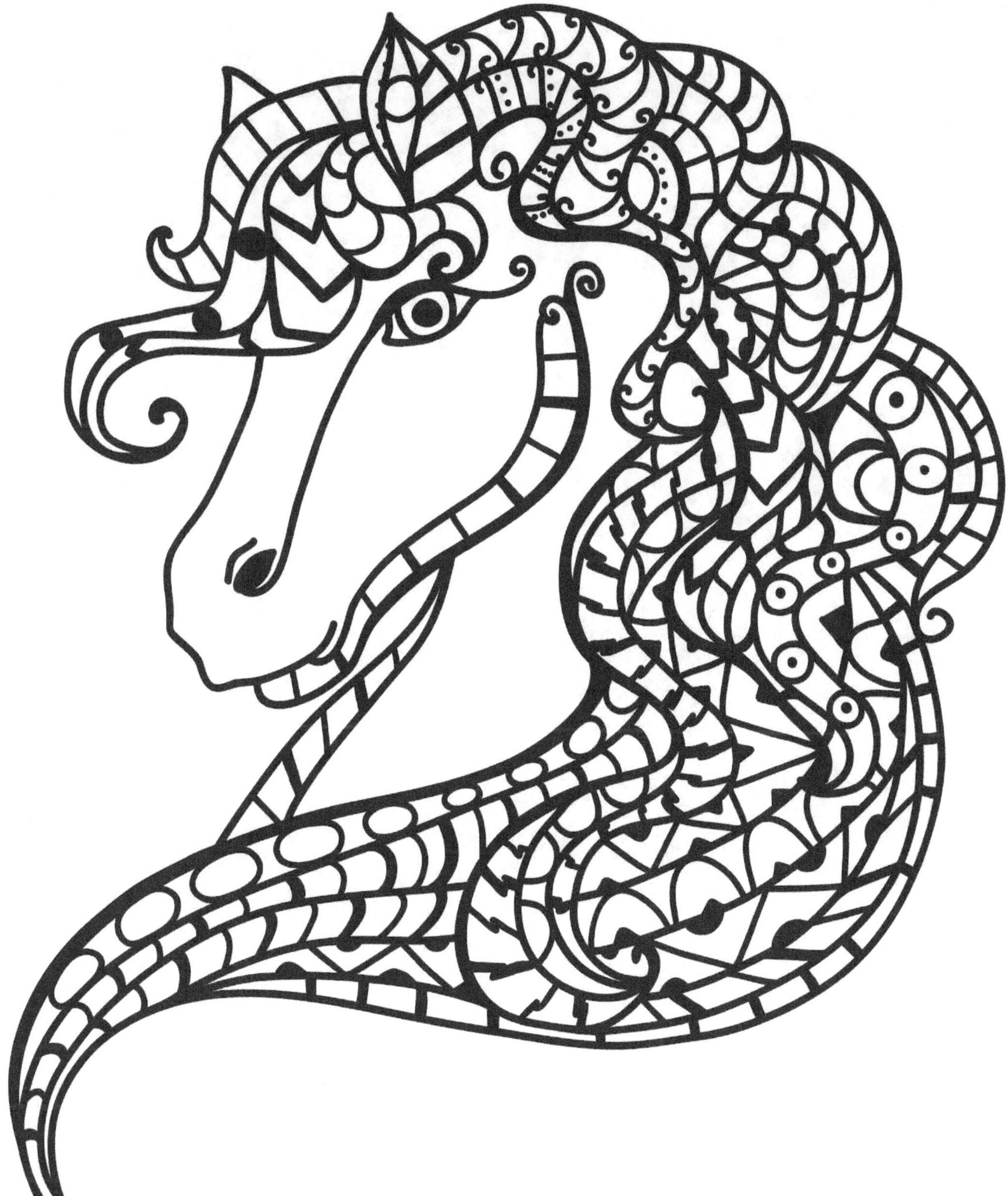

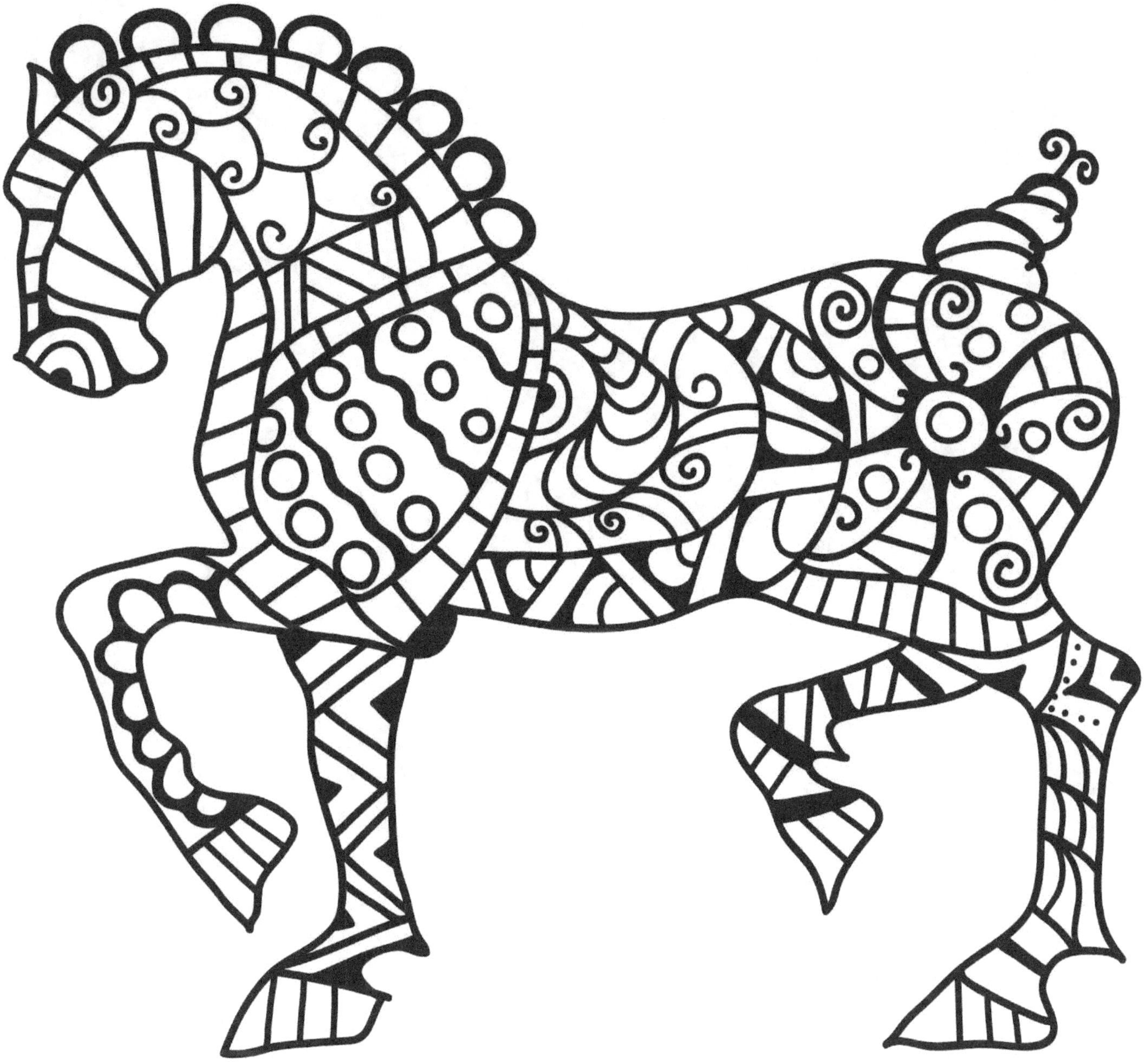

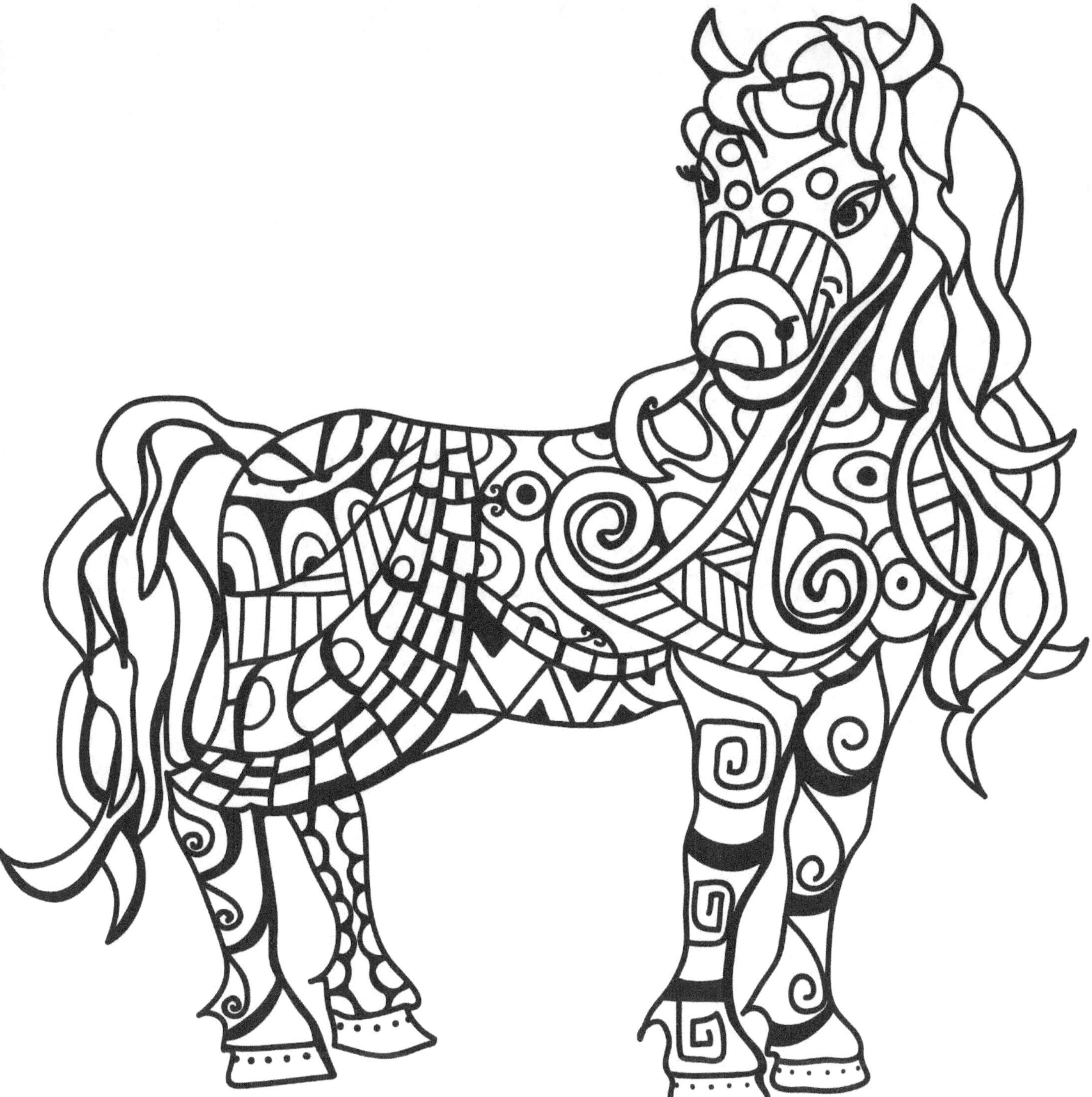

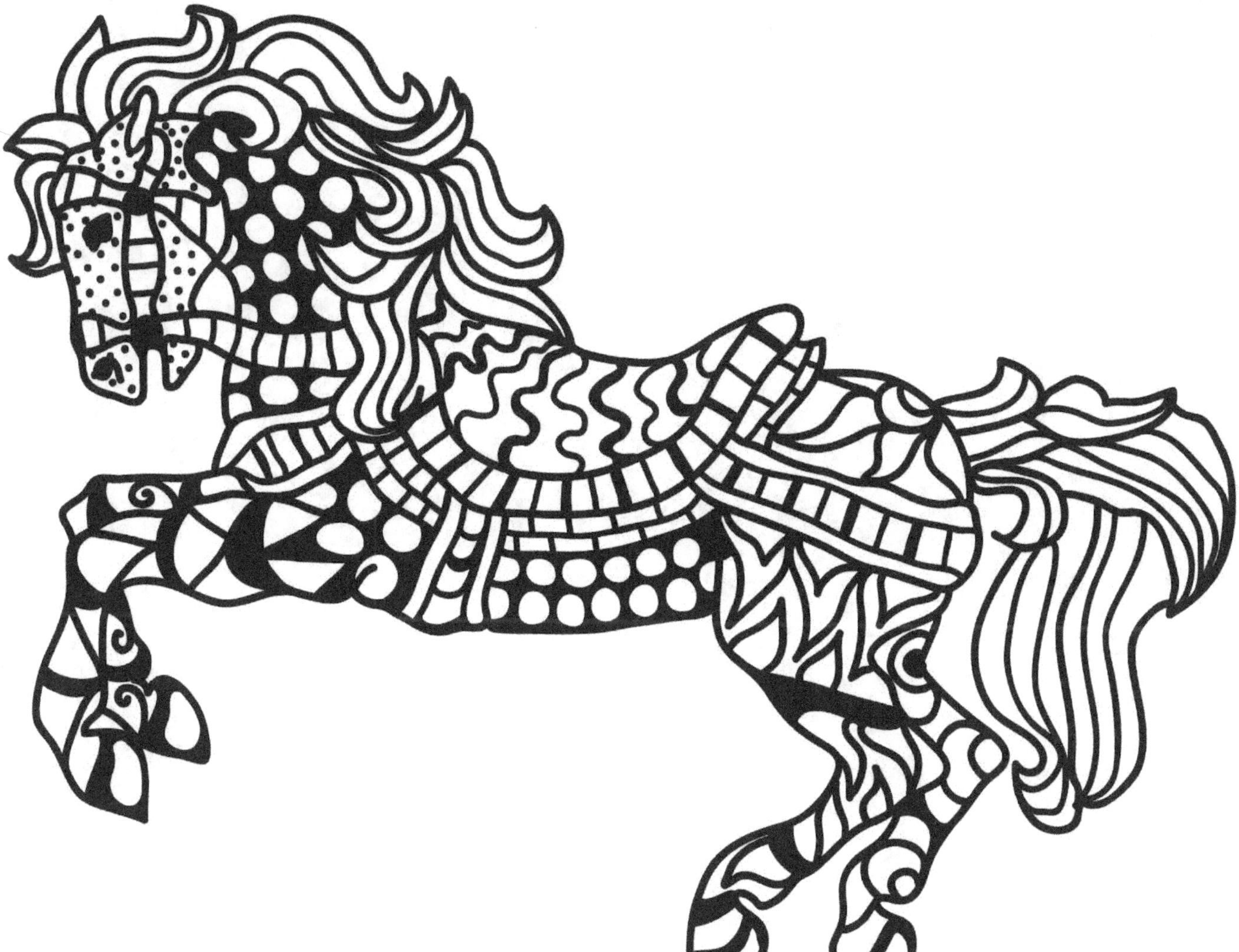

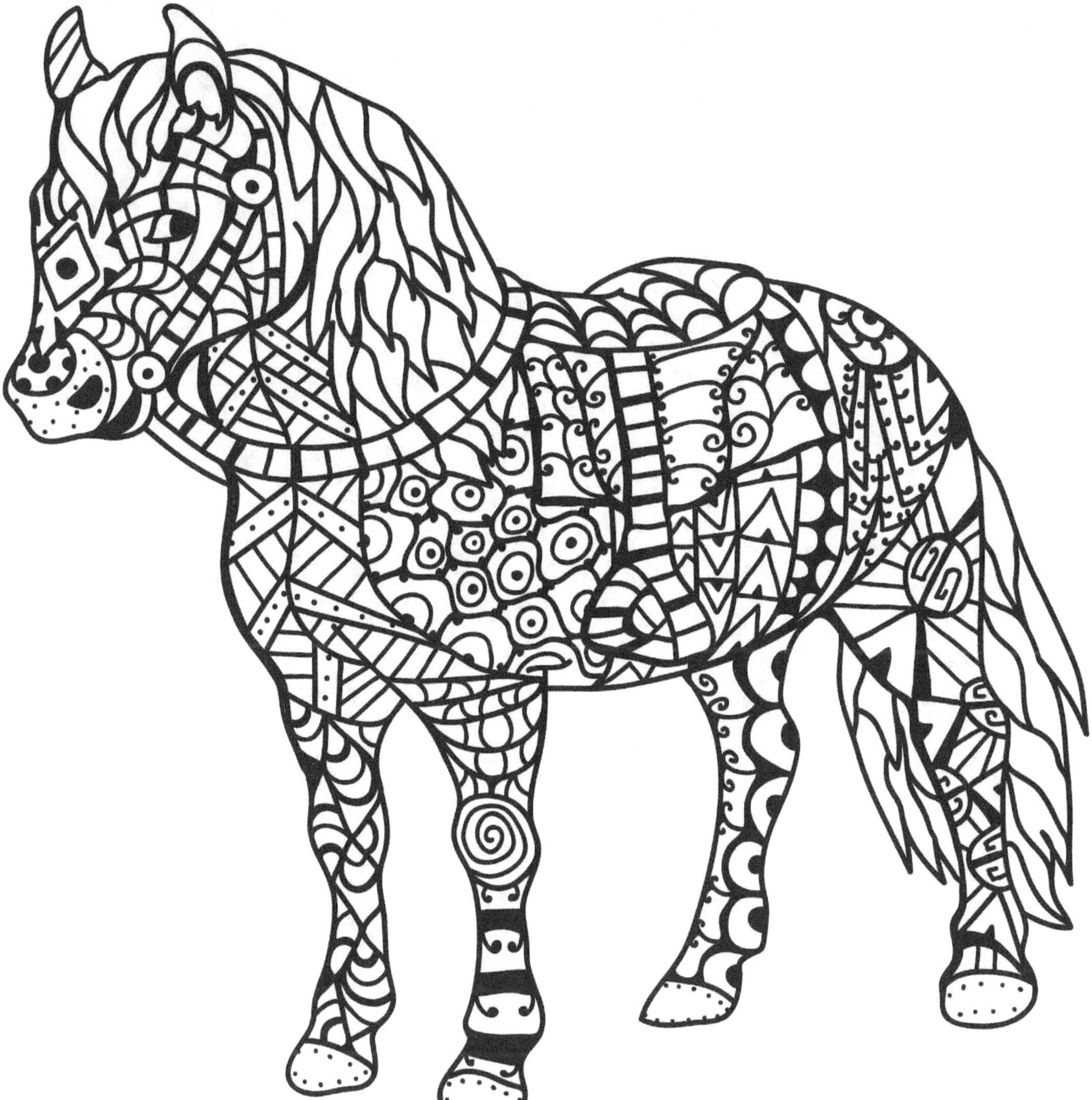

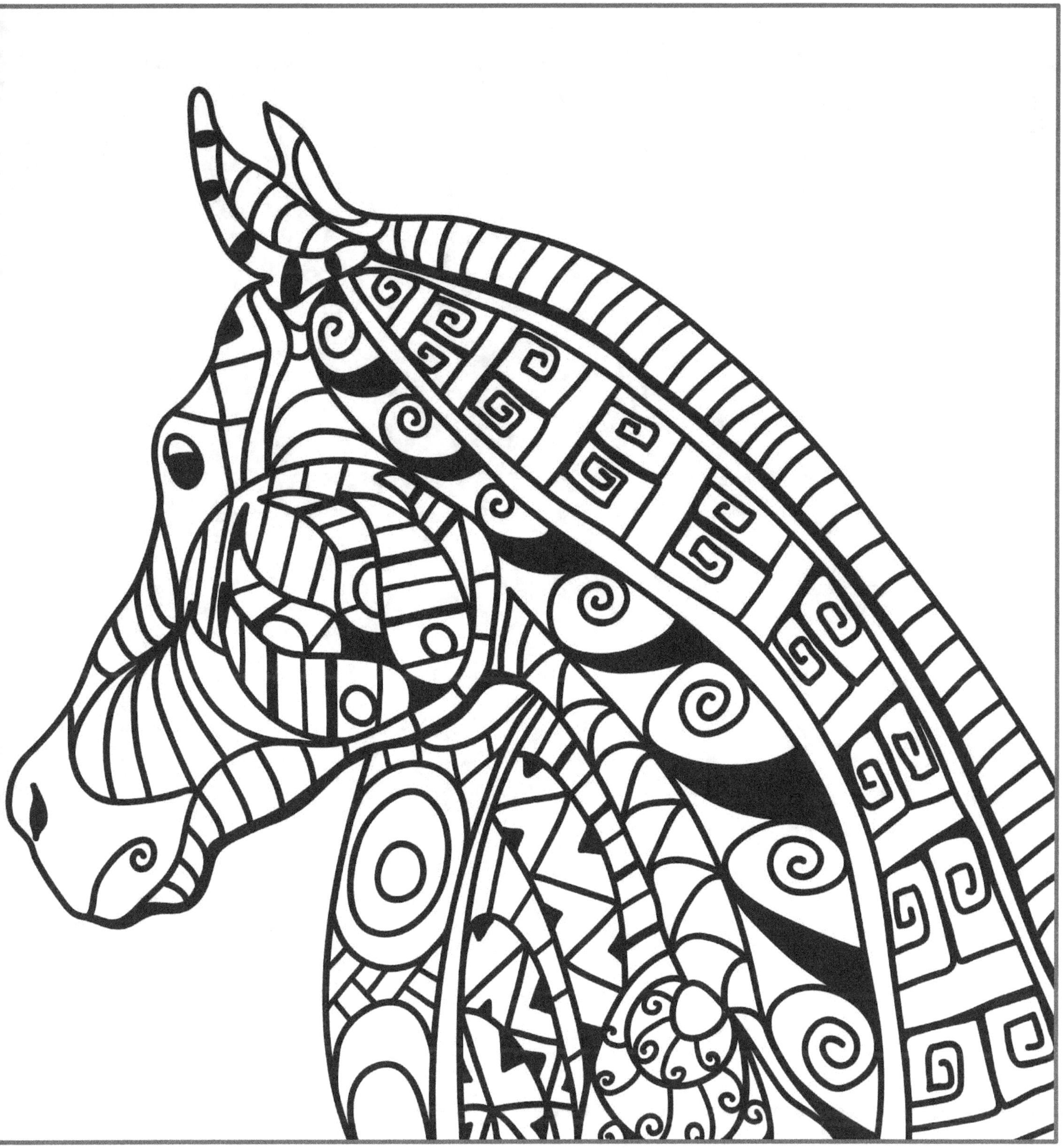

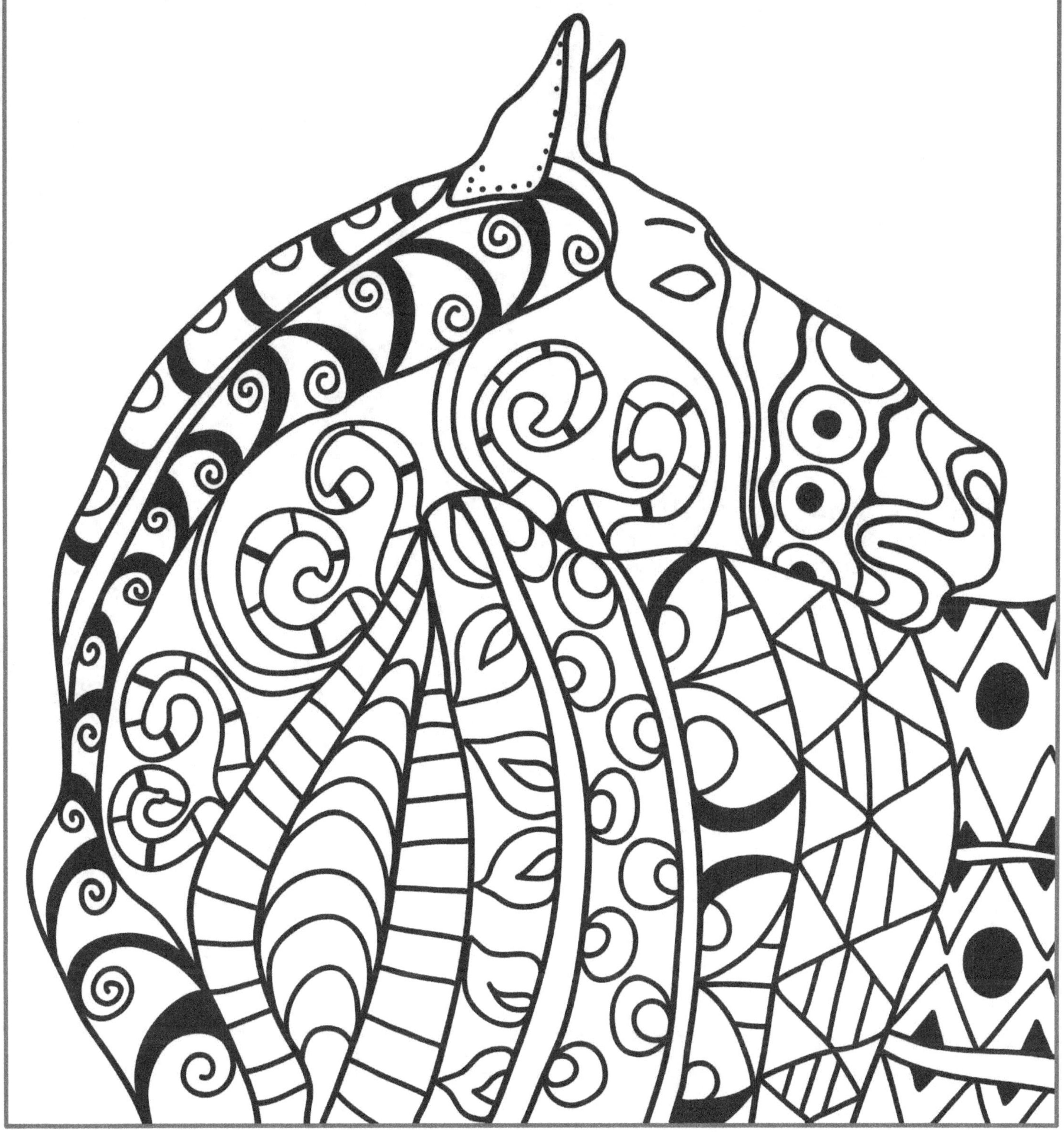

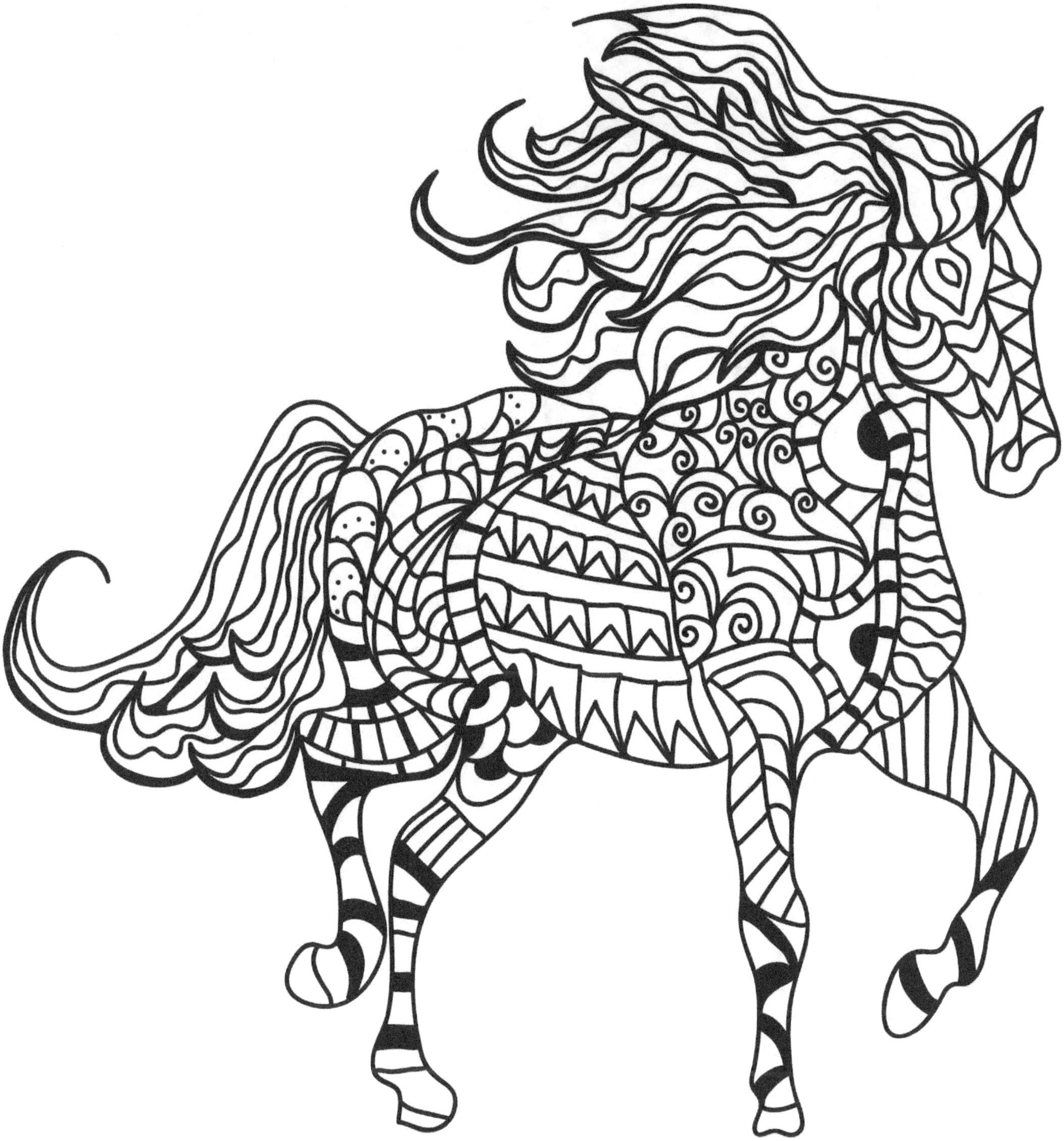

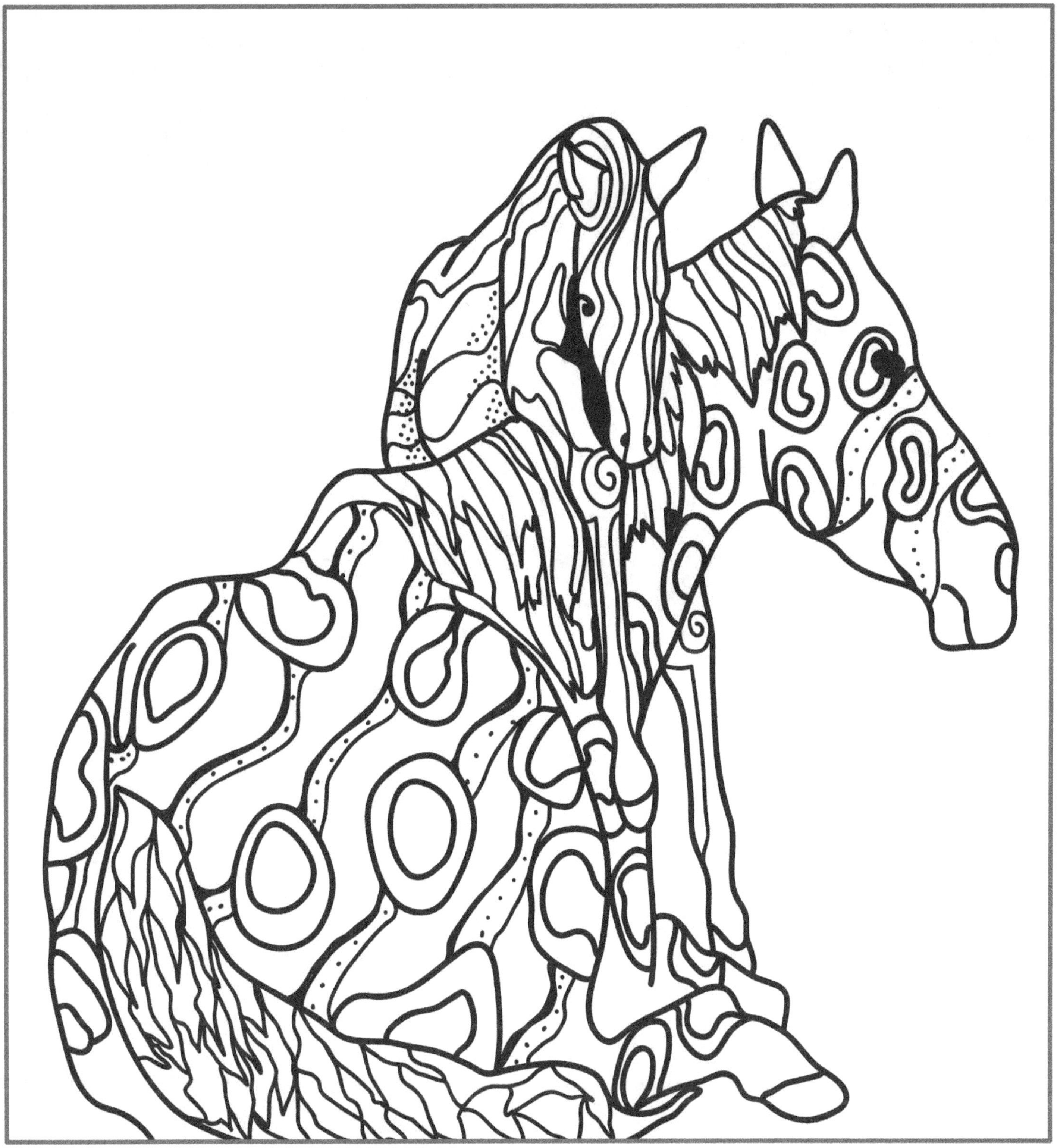

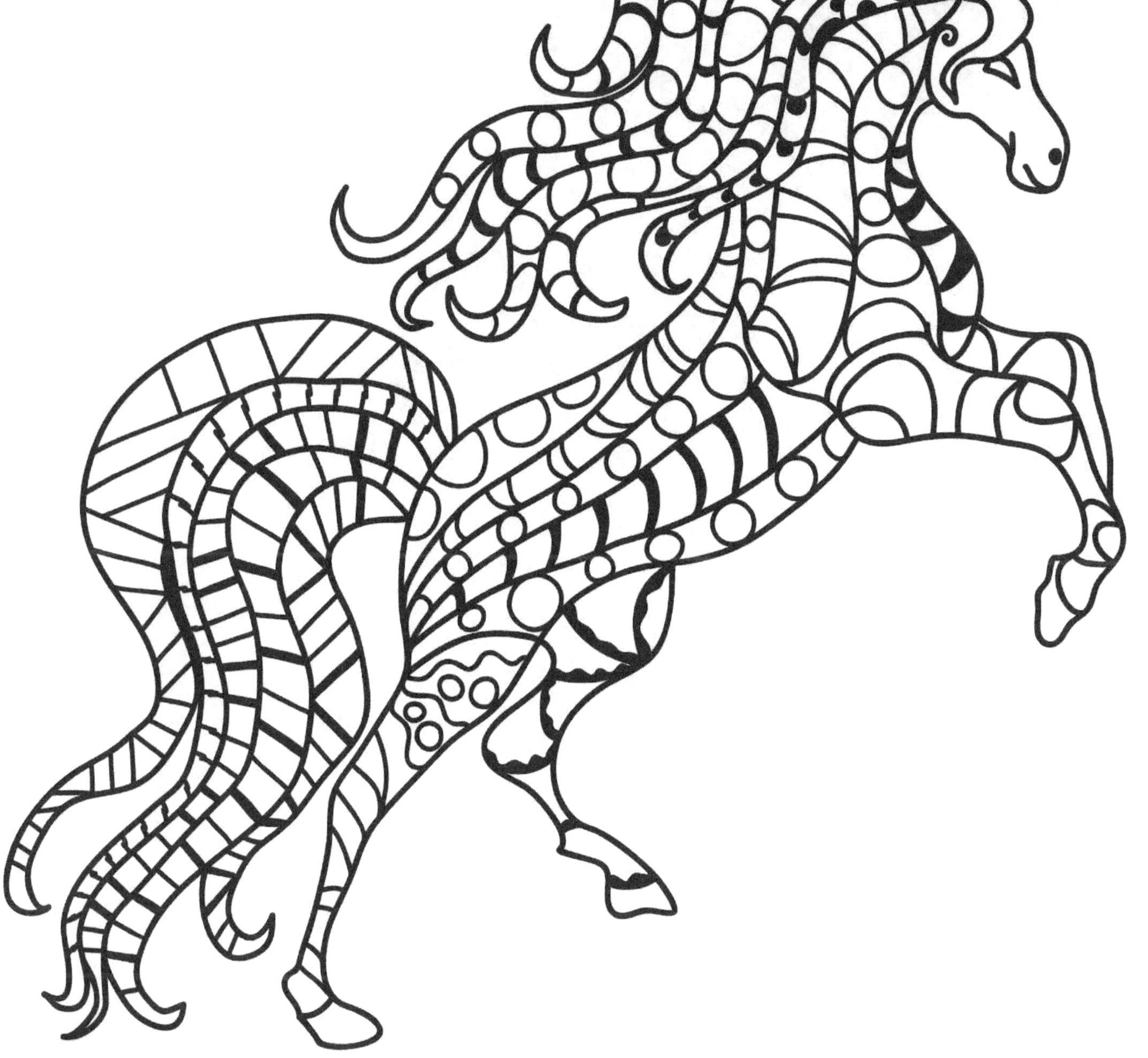

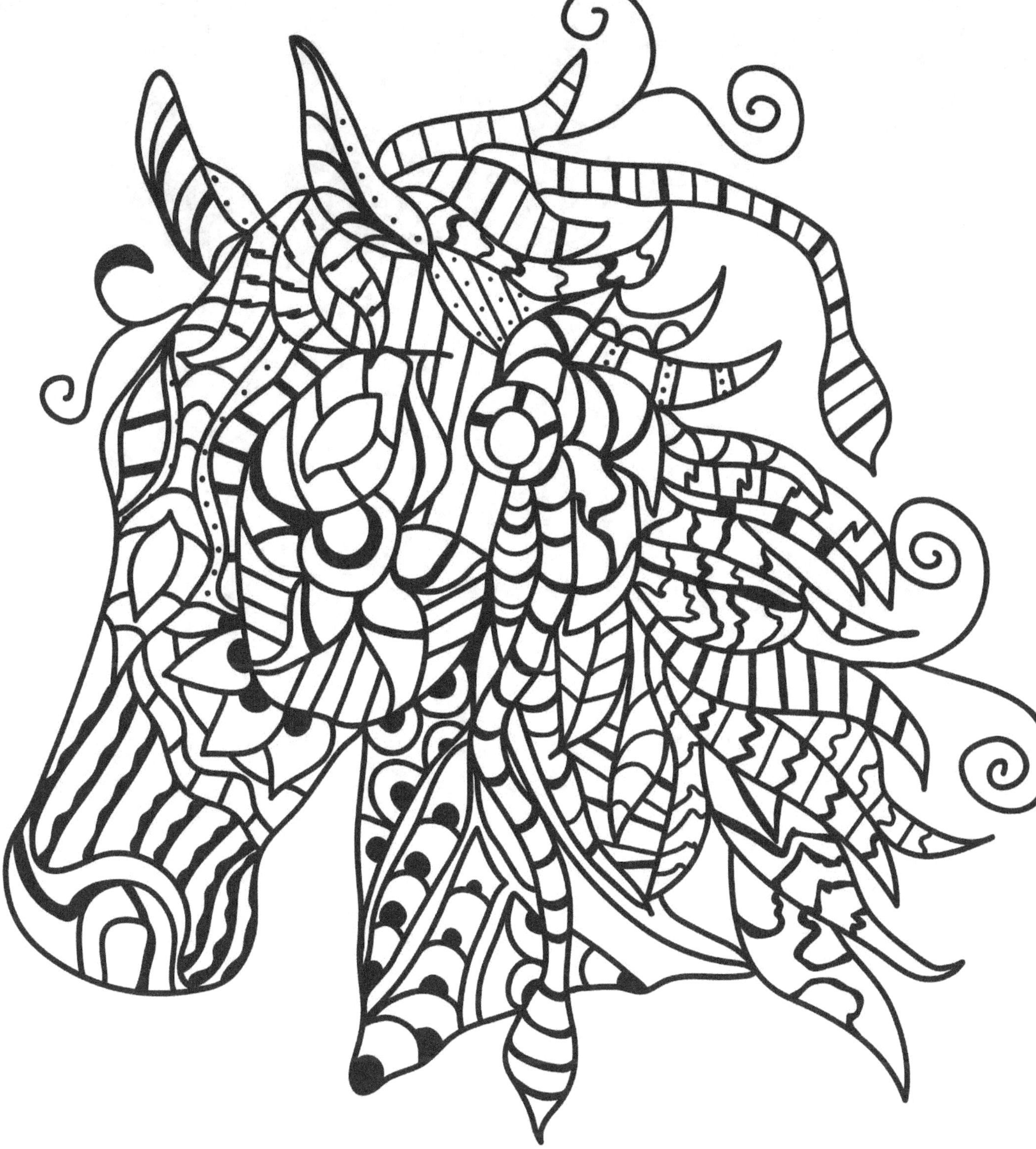

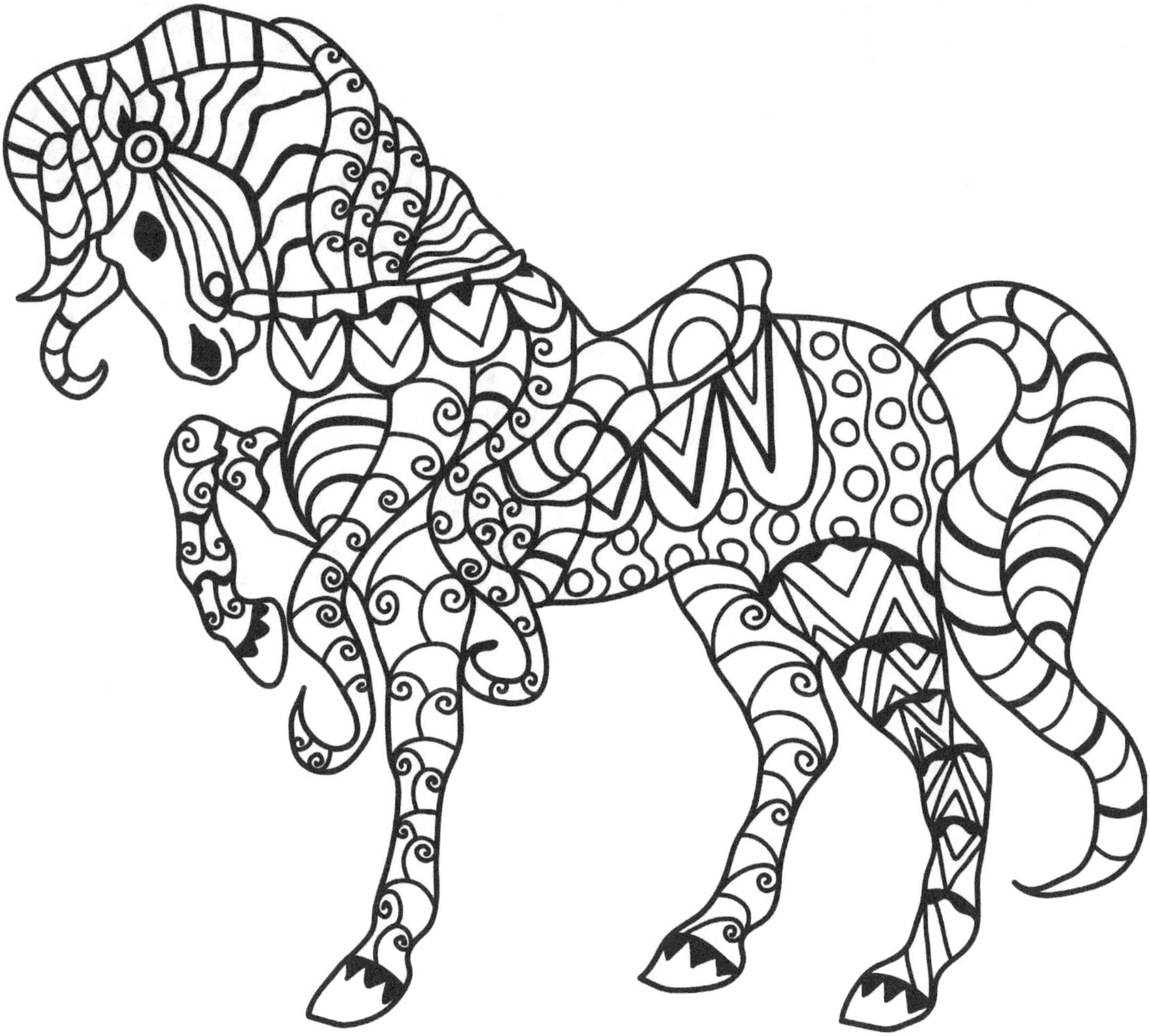

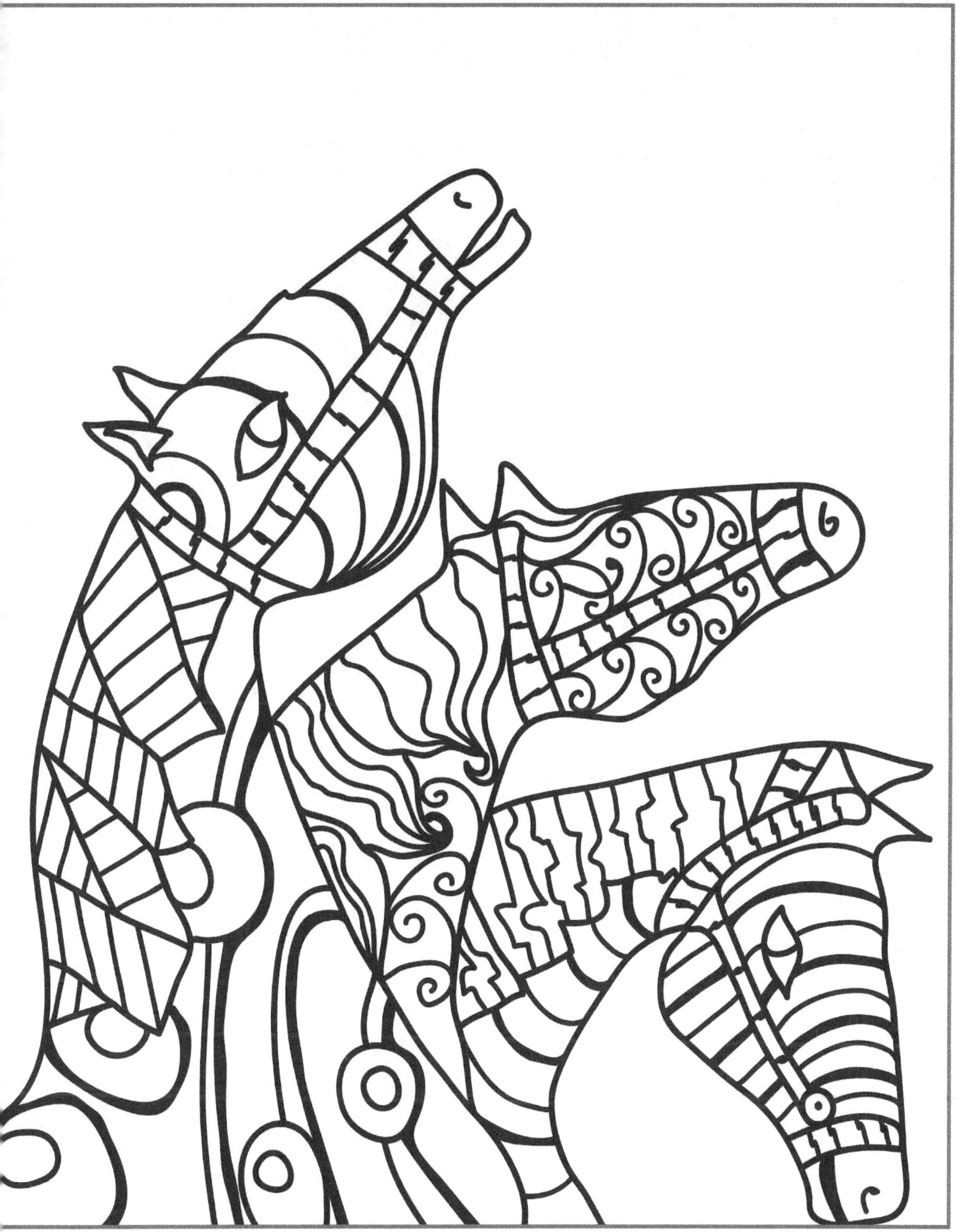

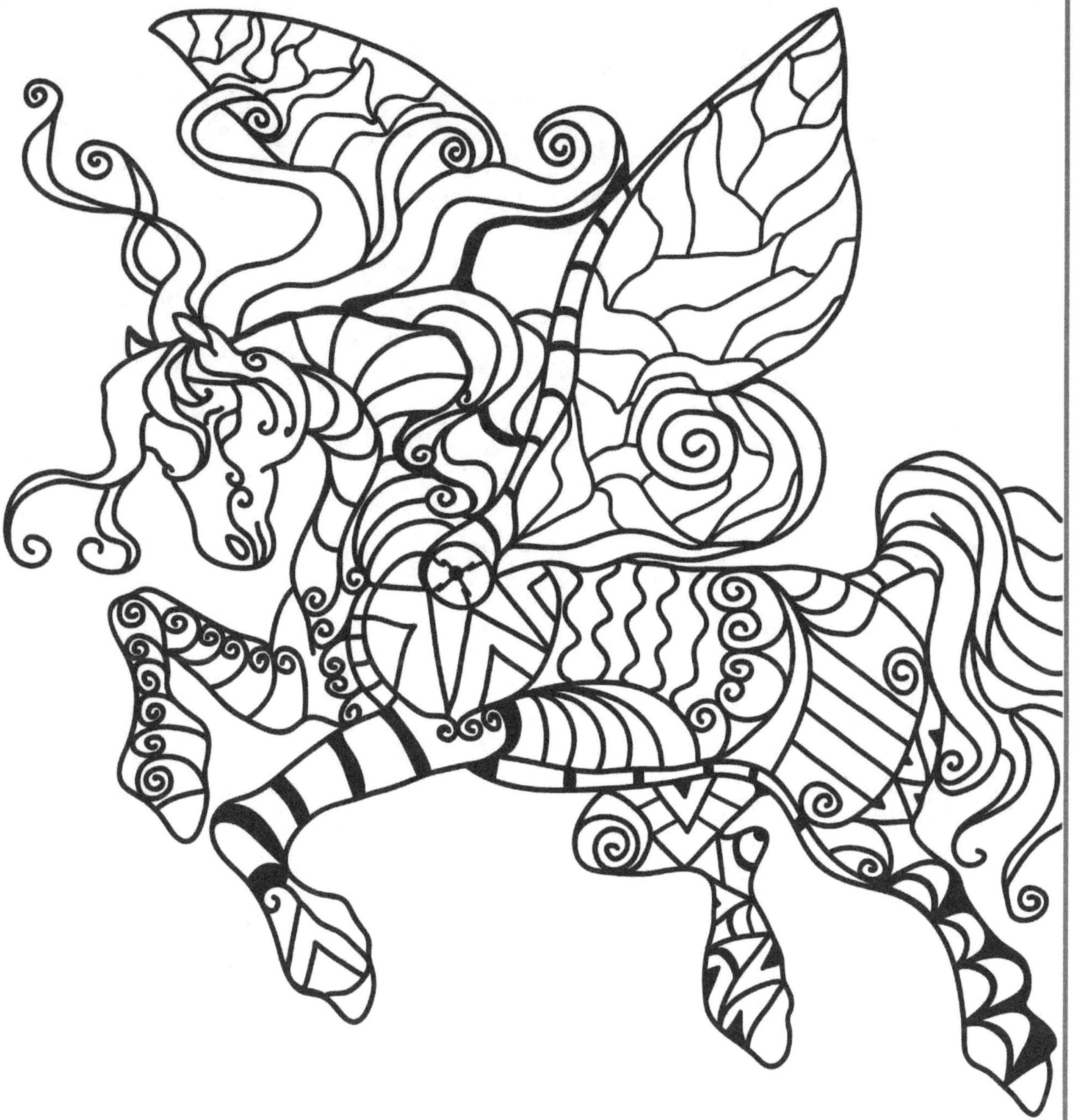

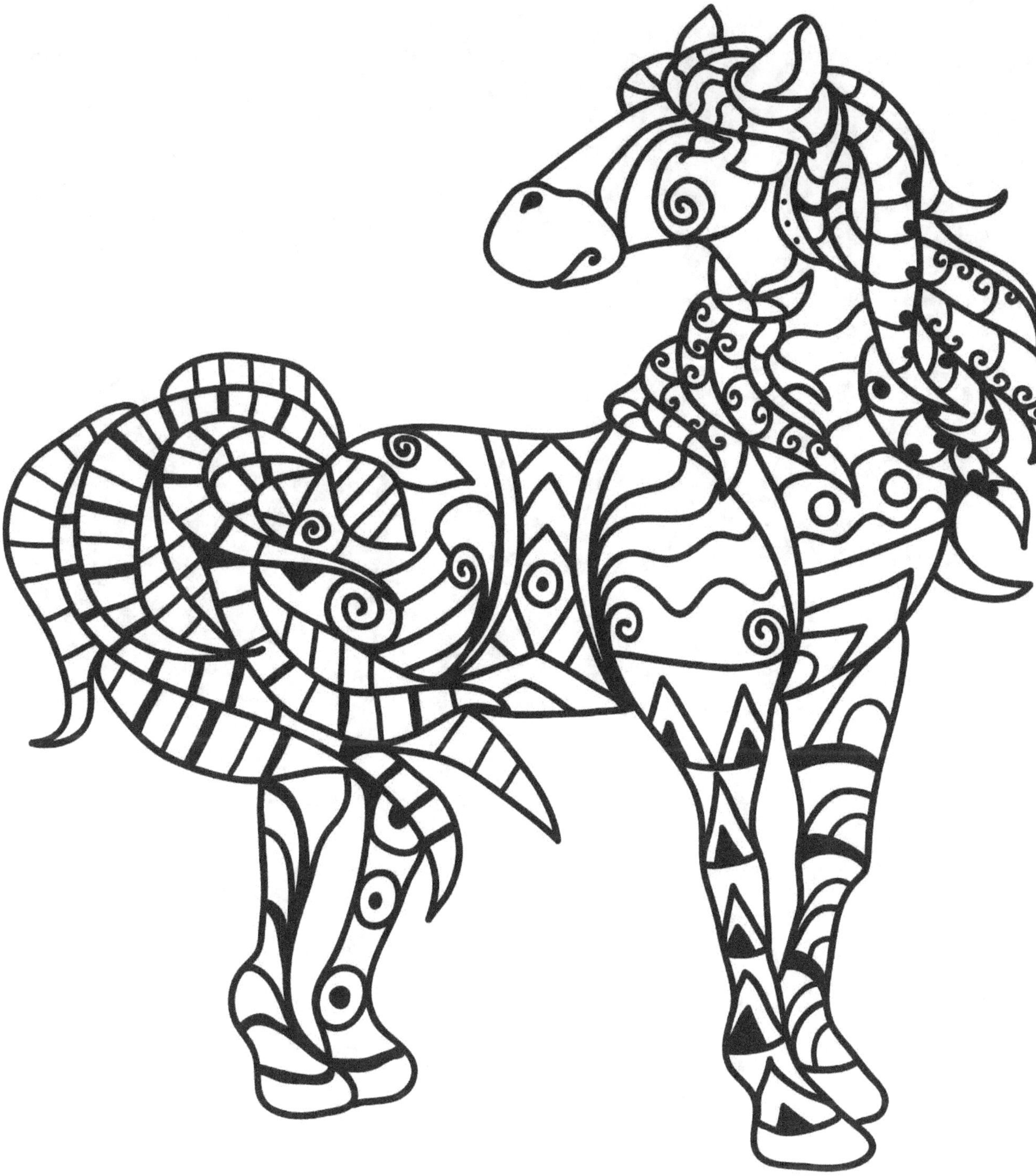

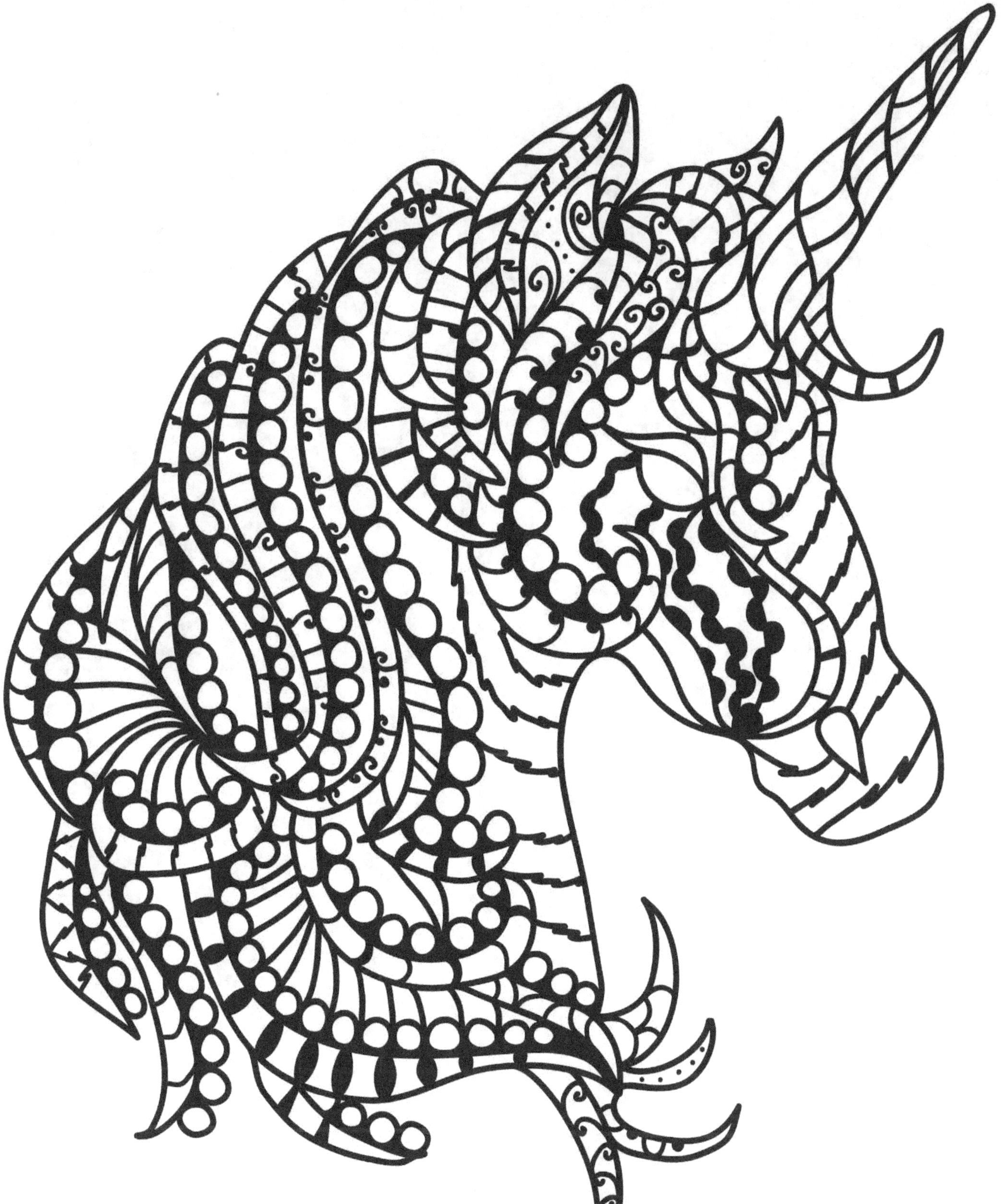

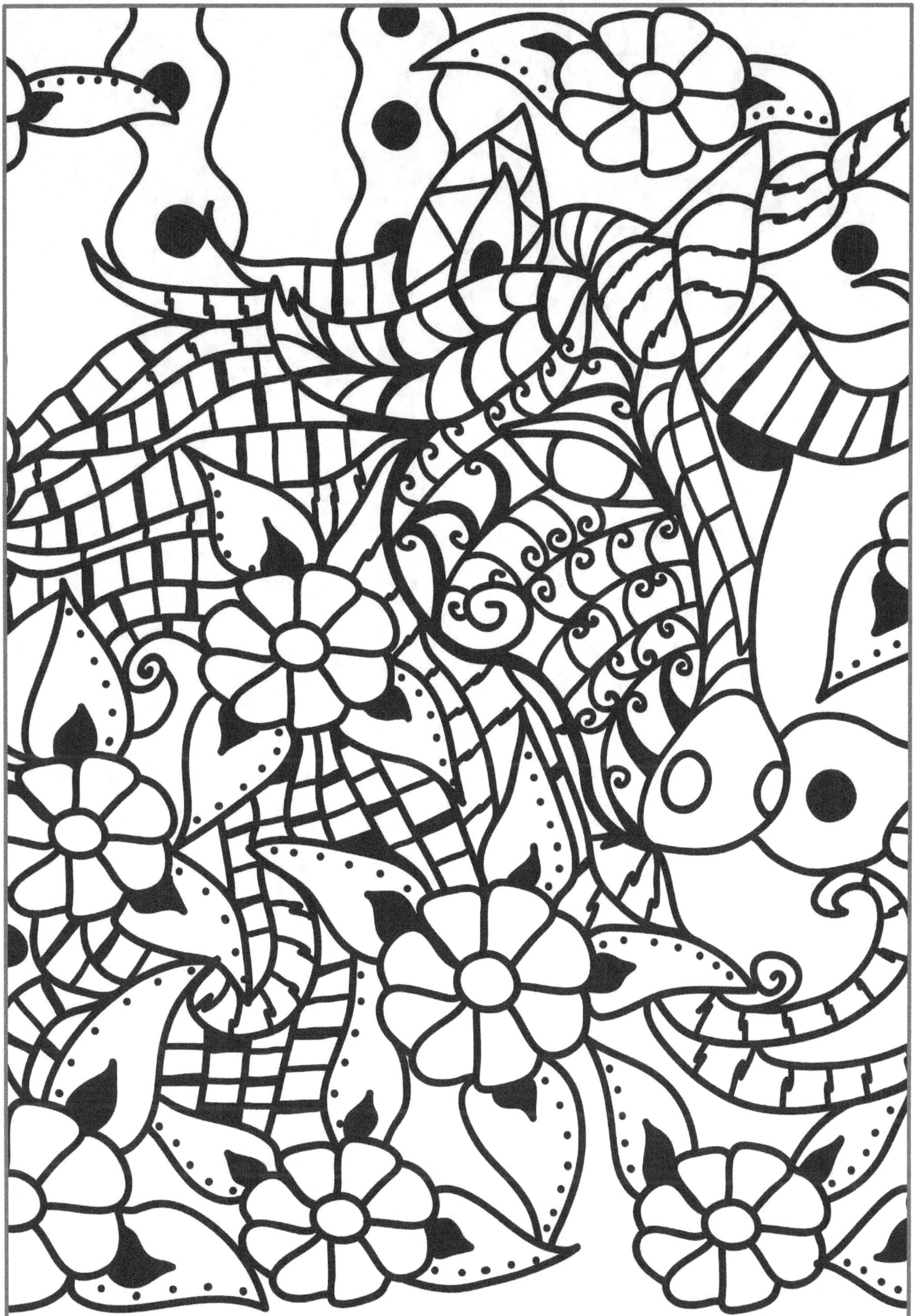

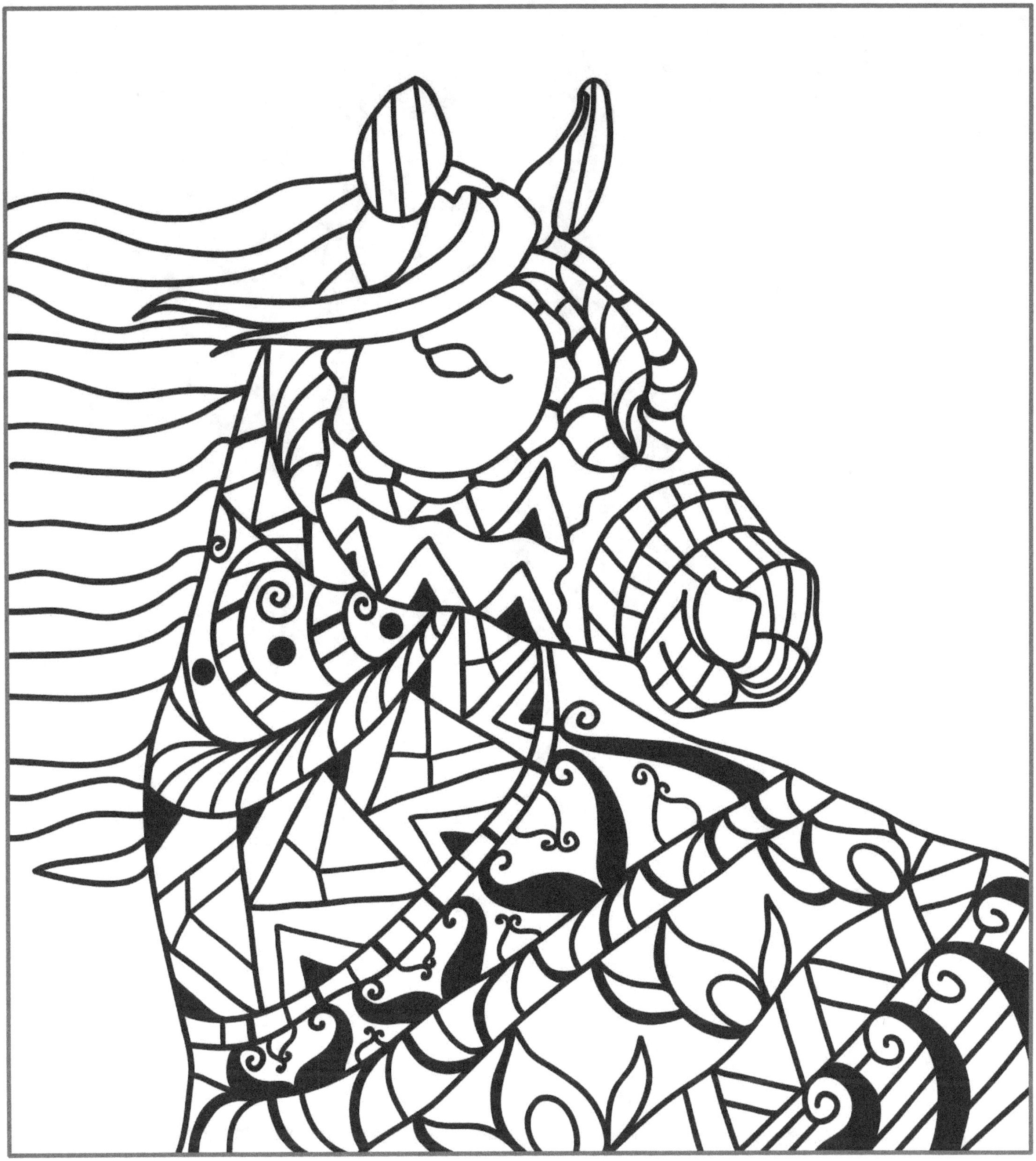

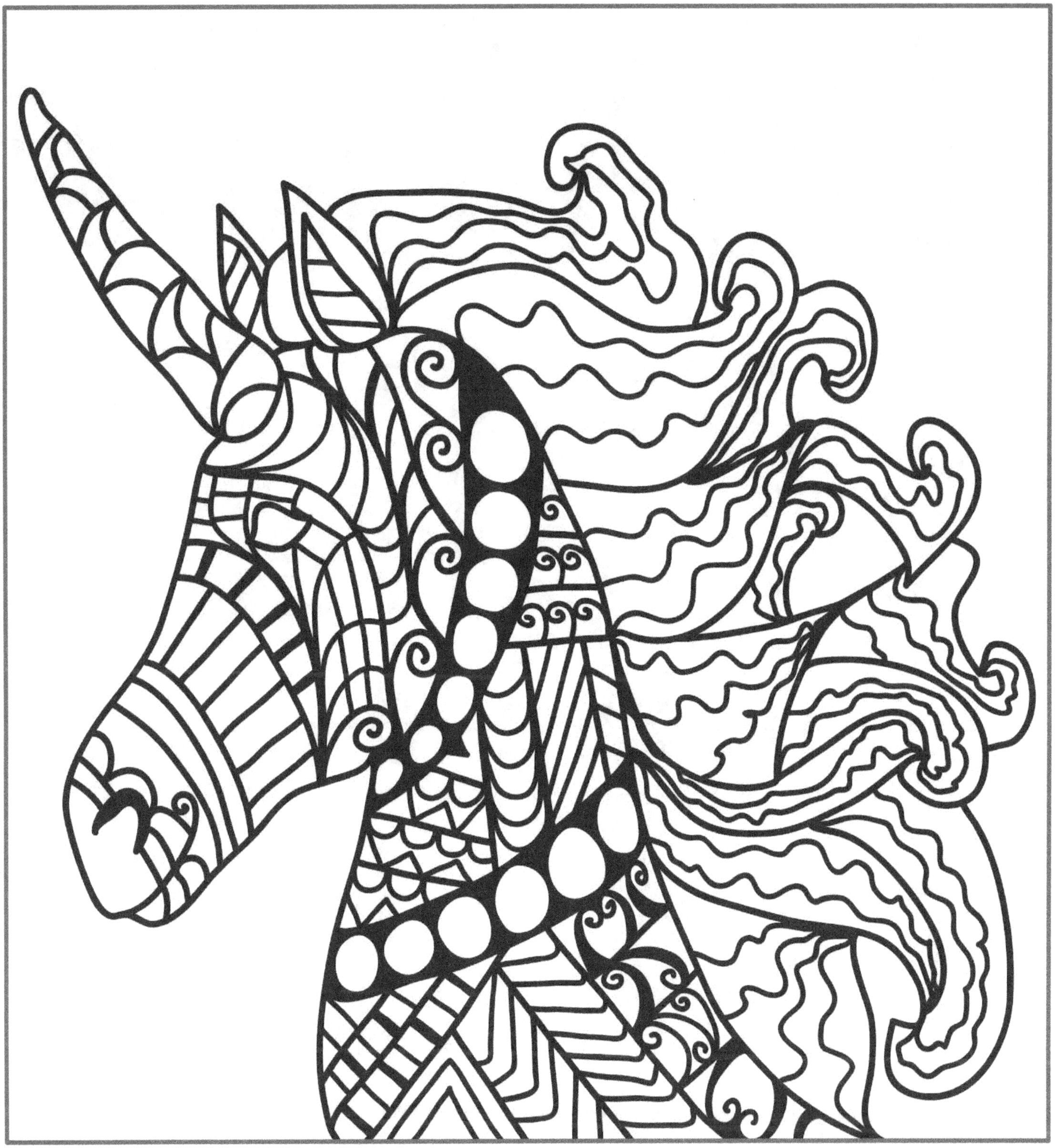

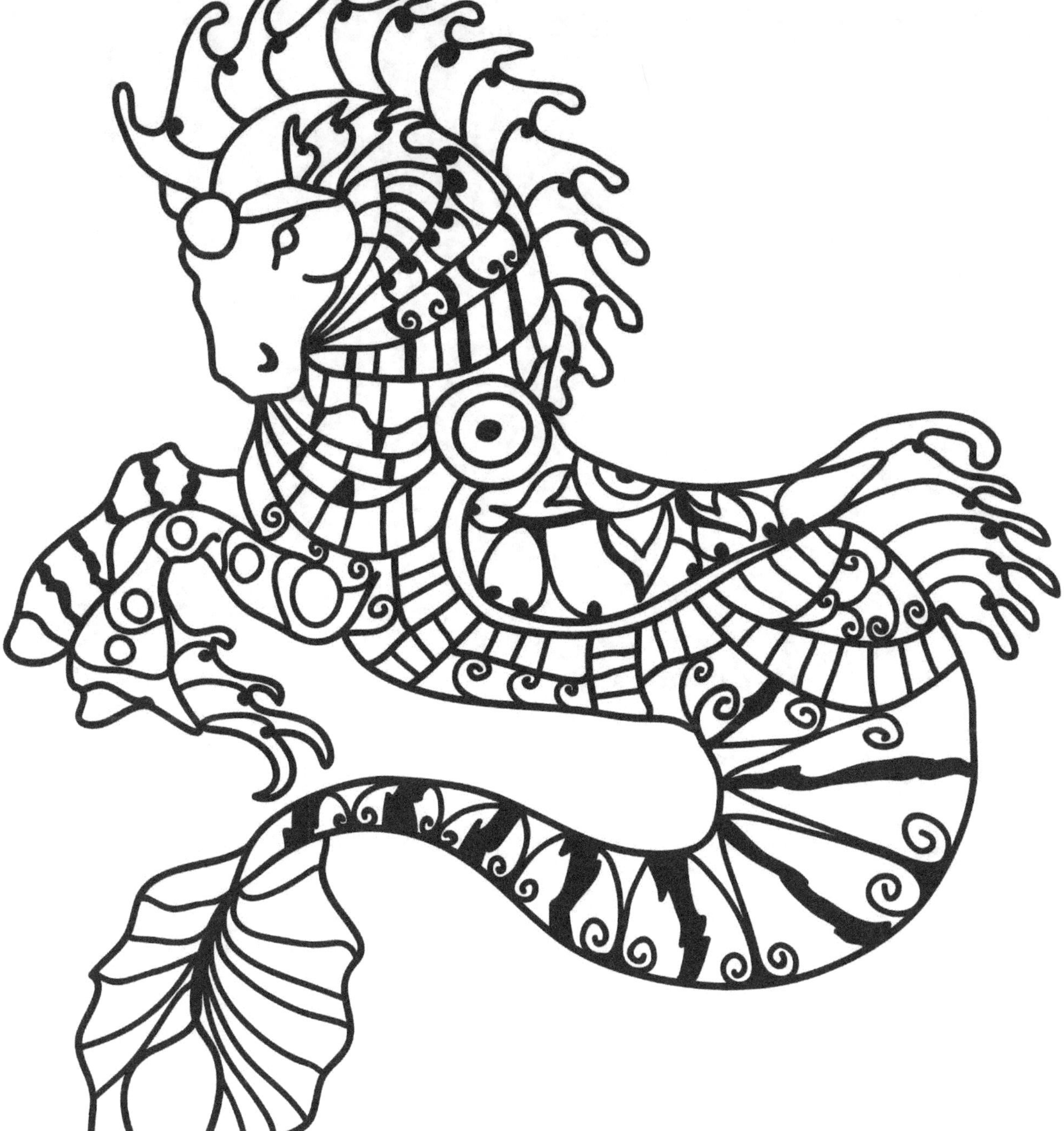

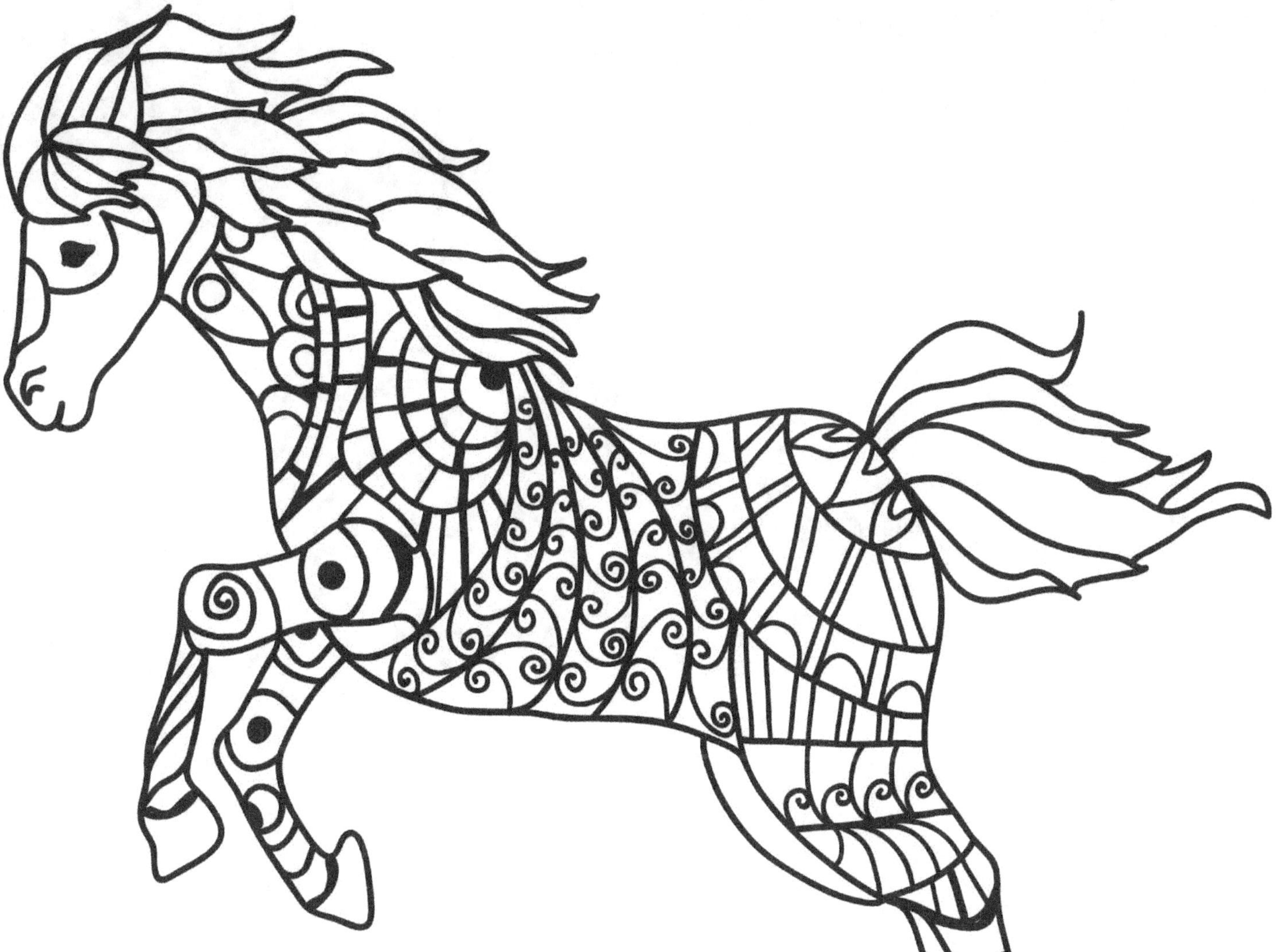

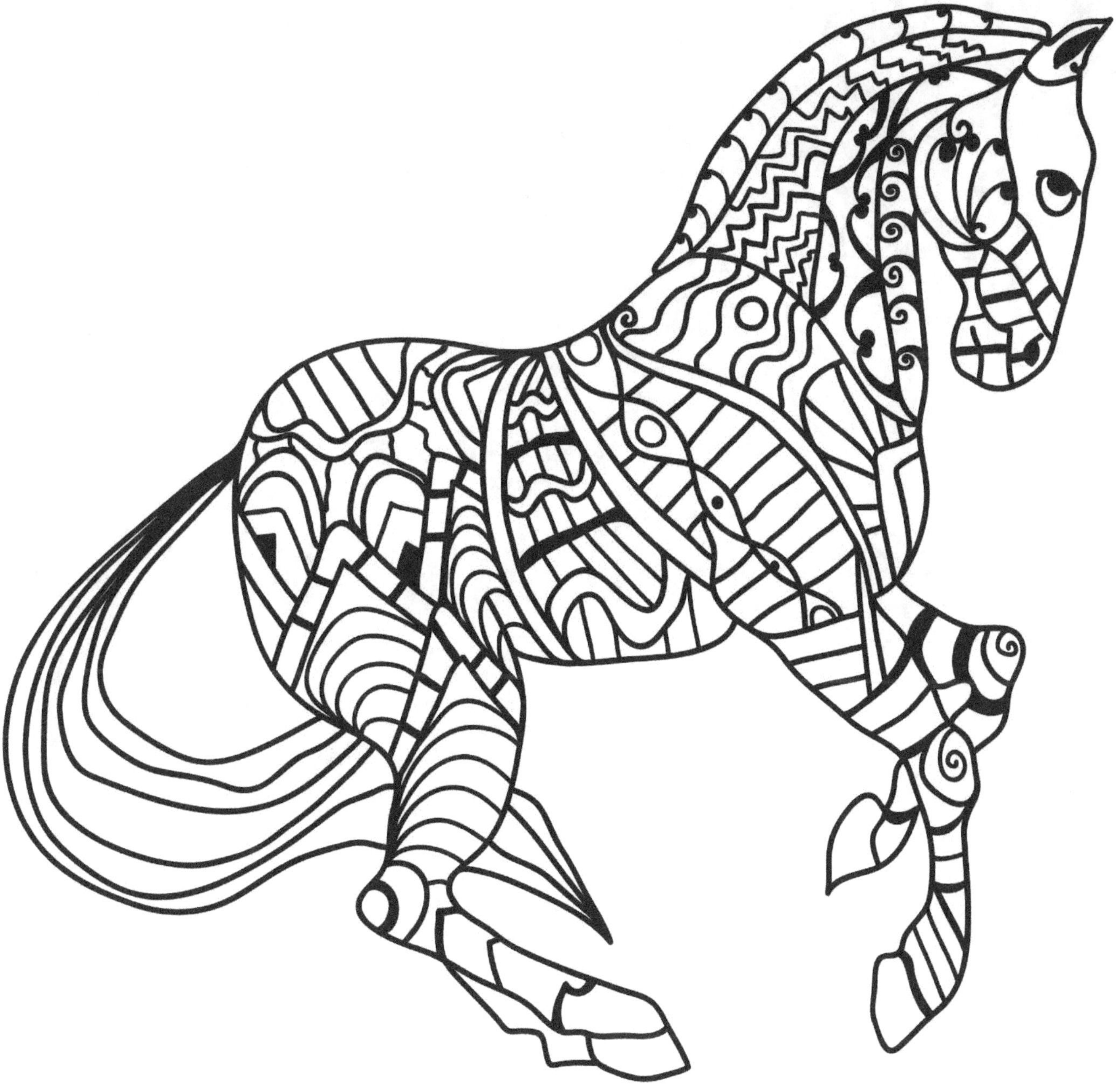

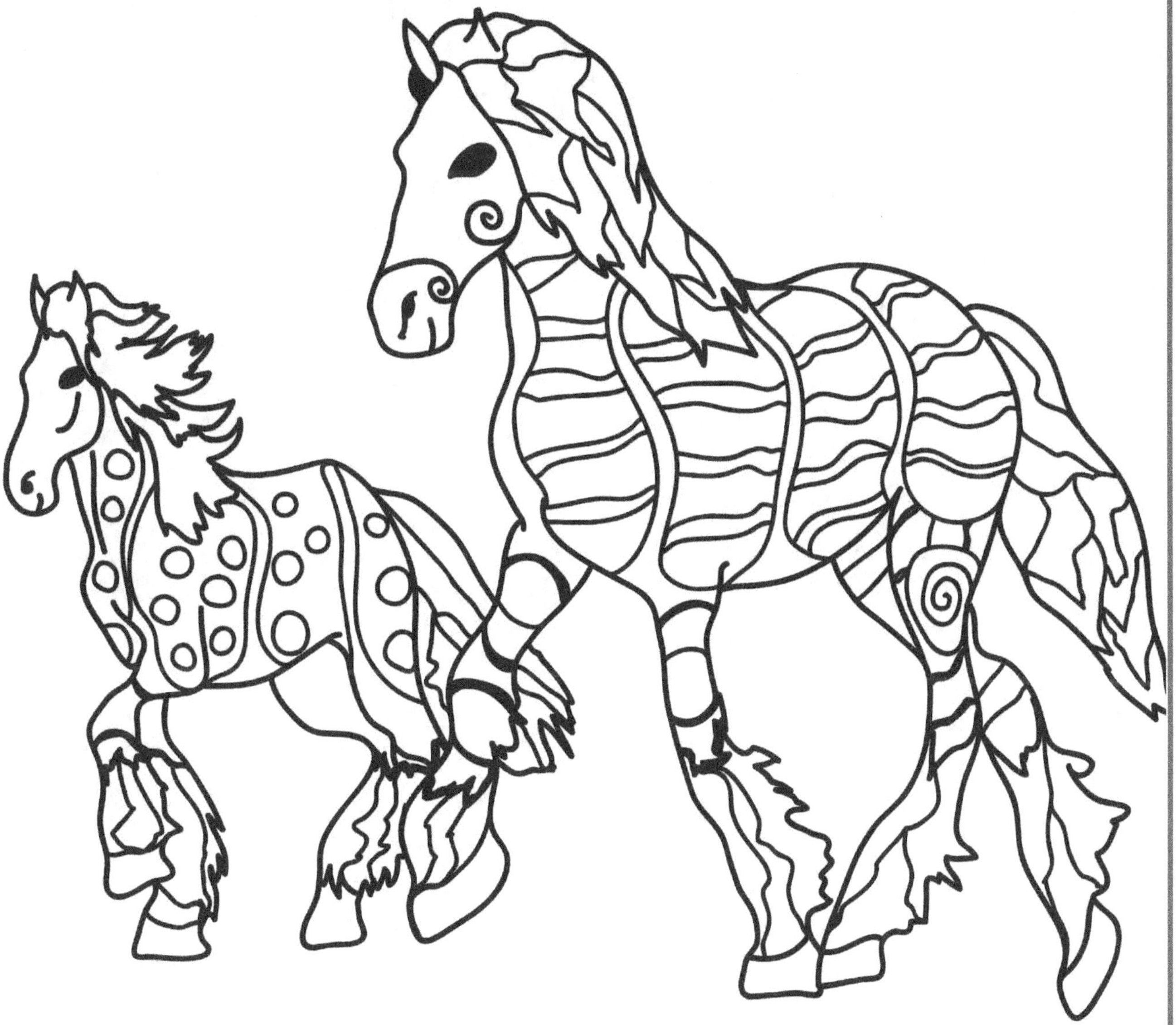

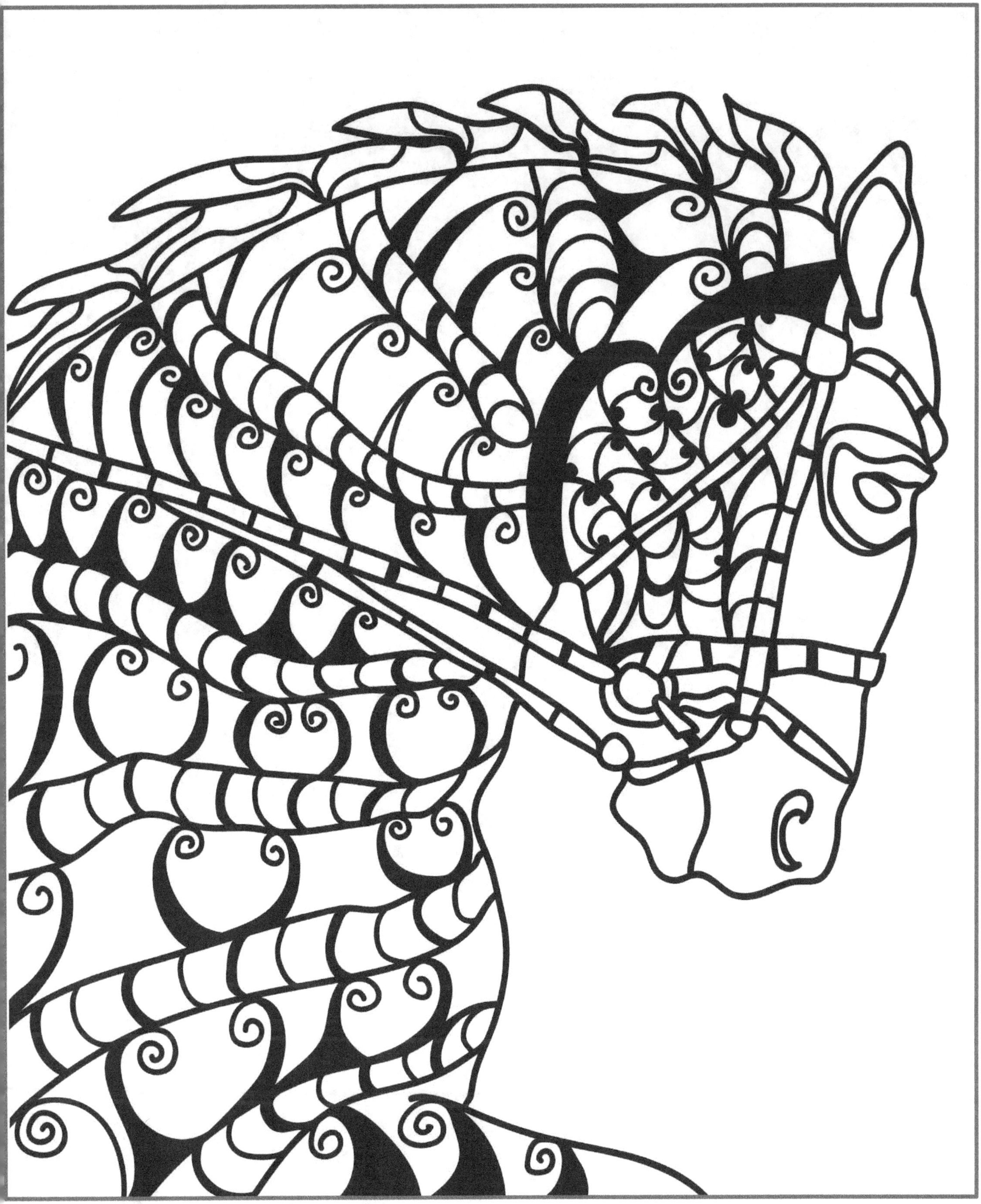

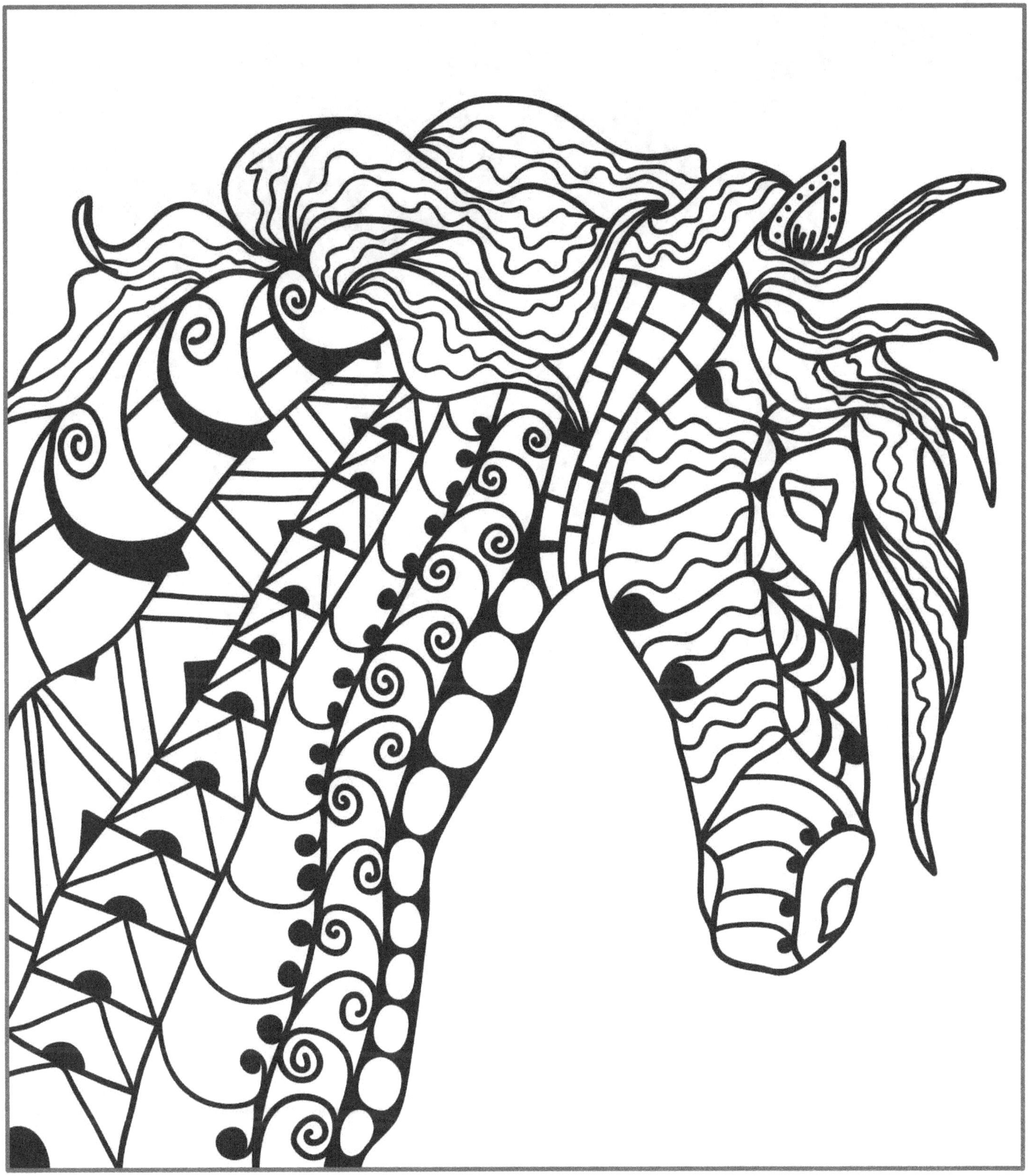

www.ingramcontent.com/pod-product-compliance
Lightning Source LLC
Chambersburg PA
CBHW080622220526
45466CB00010B/3434

* 9 7 8 1 6 9 5 7 0 8 8 2 2 *